Le Graal

JOHN MATTHEWS

Le Graal

LA VÉRITÉ DERRIÈRE LE MYTHE

le pré aux clercs

À David Franzoni, pour son amitié
et son enthousiasme.

Titre original : *The Grail*
Traduit de l'anglais par Thierry ARSON

Première publication en 2005 par Hamlyn,
un département de Octopus Publishing Group Ltd, Londres.

ISBN : 2-84228-256-6
N° d'éditeur : 244
www.lepreauxclercs.com

Imprimé en Chine

SOMMAIRE

INTRODUCTION

Il me semble avoir recherché le Graal pendant la majeure partie de ma vie. De fait, près de trente années se sont écoulées depuis que j'ai commencé à explorer les légendes entourant cet objet mystérieux. Pendant tout ce temps, j'ai suivi maintes théories différentes. Mais de nouvelles semblaient naître chaque année. Pourtant, jusqu'à maintenant, je n'en ai trouvé aucune satisfaisante. La plupart paraissent soucieuses de découvrir la localisation d'un objet matériel, de remonter à quelque origine obscure ou, plus récemment, de déceler au cœur des légendes attachées au Graal quelque schéma caché de l'histoire, des fenêtres oubliées sur le passé.

La plupart de ces théories présentent un certain intérêt, beaucoup sont divertissantes et d'autres troublantes. Cependant, il me semble qu'en cherchant ce genre de réponse nous regardons dans la mauvaise direction.

Durant trois décennies, courbé sur des livres poussiéreux et des manuscrits, je me suis senti pareil à l'un des chevaliers du roi Arthur, à suivre sans fin des chemins dissimulés par la végétation, à fouiller toujours plus avant dans l'immense forêt de la tradition. Et pas une seule fois je n'ai trouvé une preuve que le Graal lui-même ait vraiment existé dans le monde physique.

J'ai en revanche découvert la trace d'un concept, le fil de la croyance en l'infini, l'histoire d'une quête interminable de la vérité. On comprend mieux le Graal en tant que *meme*, pour emprunter un terme à la communauté scientifique, c'est-à-dire l'équivalent culturel d'un gène, une idée née au commencement de l'histoire humaine, et si profondément enchâssée dans notre conscience que nous en sommes à peine conscients.

Le Graal n'est pas un objet mais plutôt une idée charriée par l'histoire et par certaines de nos plus grandes œuvres littéraires. Avant tout, c'est un rêve que chacun peut poursuivre, le voyage d'une vie qui s'entrelace dans notre quotidien tel un fil d'or.

Cet ouvrage représente la somme actuelle de mes recherches personnelles. J'aimerais qu'on le considère non comme une somme définitive mais comme un rapport intermédiaire. À l'instant présent, je n'ai aucune idée de la direction dans laquelle cette quête me mènera ni quelles voies de la pensée, de l'imagerie et du symbolisme il me faudra arpenter pour atteindre mon but. Je me suis efforcé d'exposer les grandes lignes du sujet sous la forme d'une narration historique, en suivant le Graal depuis les références les plus anciennes jusqu'à l'époque actuelle, où de nouvelles théories et spéculations fleurissent, qui semblent plus dissimuler la vérité sur le Graal que la révéler.

Ce voyage est chronologique autant que possible, même s'il reste des blancs et des endroits où la piste revient sur elle-même, quand elle ne se perd pas dans les étendues sans repère de la spiritualité ésotérique. On relève surtout deux chronologies, qui souvent progressent côte à côte : les événements historiques qui se reflètent dans la littérature de l'époque, et que cette même littérature reflète (les croisades, par exemple), tandis qu'en bien des occasions les auteurs des romans médiévaux consacrés au Graal reviennent au passé historique de Jésus afin d'établir des liens avec la quête arthurienne.

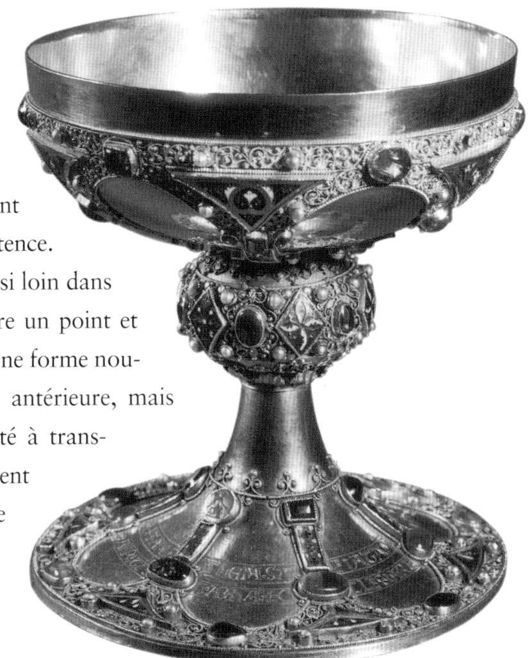

Le calice de saint Remi (mort vers 530) se trouve dans la cathédrale Notre-Dame de Reims, en France. C'est l'un des nombreux récipients médiévaux supposés être le Graal.

Il existe des époques pendant lesquelles le Graal s'est caché si profondément que peu nombreux étaient les contemporains au courant de son existence. Cependant il n'a jamais été totalement oublié, et aussi loin dans le temps ou dans l'espace que nous voyagions, entre un point et un autre, le Graal réapparaît toujours, parfois sous une forme nouvelle, parfois comme un écho d'une manifestation antérieure, mais toujours paré de certains éléments clés : la capacité à transformer, éclairer, inspirer, à guider ceux qui le cherchent en des lieux encore plus fascinants. Chaque fois que l'histoire du Graal a emprunté à d'autres cultures et d'autres symboliques, le moment où ces rencontres se sont produites sera décrit ici.

Quelques-unes des images exposées ici, entre autres les premières, apparaîtront peut-être peu familières à ceux qui ont déjà étudié le mythe du Graal, et certains lecteurs seront sans doute en désaccord avec mon interprétation. Quoi qu'il en soit, dans chacune de ces images et dans chaque courant de tradition, une ombre reconnaissable du Graal peut être décelée.

Néanmoins, le mystère que constitue le Graal demeure aussi impénétrable qu'il l'a toujours été, comme il se doit. Je n'imagine pas d'événement plus terrible que la découverte d'un objet dont on pourrait prouver, sans aucun doute possible, qu'il s'agit bien du Graal. La phrase qui précède peut sembler une déclaration étrange alors que j'ai passé une grande partie de ma vie à rechercher la vérité concernant ce vaisseau (du latin *vasculum*, petit vase) mystique. Mais le fait est que le Graal doit rester un peu hors de portée, à nous tenter avec les rumeurs de son existence ou son sens profond. Le découvrir dans la réalité reviendrait à détruire une grande partie de ce qu'il représente, et cela, de par sa nature même, ne pourra jamais être totalement compris.

À travers l'étude de ce sujet, je me suis efforcé de rester fidèle à une idée : que la vérité représentée par le Graal, maintes fois réinterprétée, demeure inchangée dans son essence. Ce que cette vérité peut être (du moins de mon point de vue) sera exposé dans ce livre.

L'HISTOIRE FONDAMENTALE

Ce que nous pouvons appeler le mythe central du Graal revêt presque autant de formes qu'il existe de textes pour le raconter. Les désaccords sont nombreux quant au nom des personnages, l'ordre des événements ainsi que les lieux et les époques où ceux-ci se sont produits. C'est pourquoi j'ai exposé les grandes lignes de l'histoire, une synthèse tirée des romans arthuriens qui constituent la source première sur le Graal. J'espère que cela offrira une piste pour suivre les croisements successifs des divers textes que nous rencontrerons au cours de notre exploration.

L'histoire commence avec Joseph d'Arimathie, un riche marchand dont on dit qu'il était l'oncle de Jésus, et à qui est confié le corps du Christ pour qu'il lui donne une sépulture. Selon certains, il a également obtenu la coupe dont s'est servi le Christ pour célébrer la Cène. Pendant qu'on lave le corps du Christ et qu'on le prépare pour le tombeau, un peu de son sang s'écoule de ses plaies, que Joseph recueille dans ce même « vaisseau ».

Après la Résurrection, Joseph est accusé d'avoir volé la dépouille et il est jeté en prison, où on le prive de toute nourriture. Le Christ lui apparaît dans une grande lumière et lui confie la garde de la coupe. Puis il enseigne à Joseph la célébration de la messe et le mystère de l'Incarnation avant de disparaître. Après cet épisode, Joseph est miraculeusement gardé en vie par une colombe qui chaque jour descend dans sa cellule et dépose une hostie dans la coupe. Il est finalement libéré en 70 et, accompagné de sa sœur et de son époux, il s'exile au-delà des mers avec un petit groupe de disciples. Une table nommée la Première Table du Graal est fabriquée pour représenter la table de la Cène. Douze convives peuvent s'y asseoir, mais un treizième siège reste inoccupé, soit en témoignage de la place du Christ, soit pour figurer celle de Judas. Lorsqu'un des convives tente de s'asseoir à cette place, le siège l'engloutit, et c'est pourquoi ce siège est appelé le Siège périlleux.

Joseph fait ensuite voile jusqu'en Europe, puis en Grande-Bretagne, où il fonde la première église chrétienne à Glastonbury, qu'il dédie à la mère du Christ. Cette église abrite le Graal, qui sert de calice lors des célébrations de la messe, à laquelle tous les disciples participent et qui devient la « messe du Graal ».

Selon d'autres versions, Joseph va en Europe continentale, et la garde du Graal revient à Bron. Celui-ci acquiert le surnom de « Riche Pêcheur » après qu'il a miraculeusement nourri tous les siens avec un seul poisson. Son groupe s'établit en un lieu nommé Avaron pour attendre la venue du troisième gardien du Graal, Alain.

De là, le Graal est emporté à Montsalvache (la montagne du Salut), où un temple est construit pour l'abriter, et un ordre des chevaliers du Graal est fondé, qui a pour charge de servir et de garder le récipient. Ils s'assoient tous à la Seconde Table du Graal et prennent part au festin fourni par le vaisseau sacré. Une forme de messe du Graal a également lieu, pendant laquelle le gardien du Graal, à présent décrit comme étant un roi, officie tel un prêtre. Un peu plus tard, il reçoit une mystérieuse blessure infligée par une lance, dans la cuisse selon certaines versions, ou selon d'autres dans les parties génitales. Par la suite, le gardien est appelé le Chevalier estropié, ou le Roi blessé ; les contrées entou-

Cette peinture de William Blake montre Joseph d'Arimathie enseignant les mystères du Graal en Bretagne.

rant le château du Graal deviennent stériles et sont appelées la « Terre gaste » – état en relation avec la blessure subie par le seigneur du Graal. La lance avec laquelle il est frappé est identifiée comme étant celle de Longinus, le centurion romain qui, selon la tradition biblique, a percé le flanc du Christ sur la croix. À partir de cette période, il y a quatre objets dans le château : la coupe elle-même, la lance, une épée supposée s'être brisée à un moment crucial et un plat creux, ou une pierre. Ce sont les reliques, les quatre trésors sacrés qui doivent être recherchés et maniés d'une façon mystérieuse par ceux qui sont en quête du Graal.

LA TABLE RONDE

Nous avons atteint l'époque du légendaire roi Arthur, et tout est en place pour le début de la grande quête. La Table ronde, créée par le magicien Merlin, est également connue comme la Troisième Table du Graal (quoique le récipient lui-même en soit

Une enluminure médiévale *représentant le jeune chevalier du Graal Galahad, accompagné par un ermite et accueilli à la Table ronde.*

absent). Dans la citadelle du roi, Camelot, une fraternité de chevaliers, appelés les chevaliers de la Table ronde, se réunit et établit un code d'honneur. À la Pentecôte le Graal fait une apparition, flottant sur un rai de lumière dans la salle, et chaque assistant reçoit le mets qu'il préfère, après quoi les chevaliers s'engagent tous à rechercher l'objet sacré.

S'ensuit une succession extraordinaire d'aventures initiatiques, où s'illustrent en général cinq chevaliers : Gauvain, Lancelot, Perceval, Galahad et Bors. Parmi eux et les nombreux autres chevaliers qui vont quitter Camelot, trois seulement sont destinés à aller au bout de la quête. Lancelot, le meilleur chevalier du monde, échoue à cause de son amour pour la reine, épouse d'Arthur. Gauvain, personnage splendide qui a peut-être été le modèle du chevalier du Graal, est dépeint dans les textes médiévaux comme étant trop attaché aux biens matériels, même s'il parvient tout près du cœur du mystère.

Pour les autres, Galahad, le fils de Lancelot et de la princesse du Graal, est destiné à s'asseoir sur le Siège périlleux et à achever la quête. Perceval, comme Gauvain, candidat victorieux à l'origine, est partiellement évincé par Galahad. S'il lui est permis de voir le Graal et de se servir de la lance pour guérir le Roi blessé, à la fin de la quête il retourne au château du Graal, dont il devient le nouveau gardien.

Bors, le dernier des trois chevaliers à faire directement l'expérience du Graal, est l'homme humble, opiniâtre, « ordinaire » en un mot, qui consacre toutes ses forces à atteindre l'infini et y parvient. Il voyage avec Galahad et Perceval jusqu'à la cité sainte de Sarras, très loin de l'autre côté des mers occidentales, où le mystère du Graal s'accomplit enfin. Des trois, seul Bors revient à Camelot pour raconter ce qui s'est passé.

Un autre personnage participant à la quête, Dindrane, la sœur de Perceval, accompagne les chevaliers du Graal durant leur quête ; ayant sacrifié sa vie pour en sauver une autre, elle est ramenée à la cité du Graal, où on l'enterre avec faste auprès de Galahad.

Une fois le Graal atteint, et puisqu'il ne s'est révélé dans son intégralité qu'à une seule personne, le vaisseau sacré disparaît – mais pas entièrement. Perceval s'installe de nouveau dans le château vide pour attendre le retour du Graal, qui une fois de plus est disponible pour tous ceux qui le cherchent avec sincérité.

UNE HISTOIRE ÉVOLUTIVE

Tel est le récit dans ses aspects essentiels. Il a fallu au mythe plusieurs centaines d'années pour atteindre sa forme actuelle. Maints courants différents coulent dans son lit, qui parfois forcent le courant principal à déborder, formant alors de nouveaux affluents, dont certains se sont asséchés alors que d'autres prenaient de l'ampleur avant de se réduire. J'ai essayé de suivre ces affluents tout autant que le courant principal. Plusieurs coulent côte à côte, reliés uniquement par la présence du Graal, mais tous avancent, charriant avec eux un rêve qui fait partie de notre conscience depuis que l'histoire elle-même existe. Ce sont ces expressions du mystère du Graal, aussi évanescentes qu'elles soient, dont nous rechercherons la trace dans les pages suivantes.

Nombre de mes amis et collègues ont suivi avec moi le chemin du Graal, et j'aimerais leur rendre ici hommage – pour la lumière qu'ils ont jetée sur ce grand mystère autant que pour la compagnie qu'ils m'ont offerte durant ce voyage. Je souhaite en particulier distinguer David Spangler, avec qui j'ai passé tant d'heures à discuter du Graal ; Gareth Knight et Dolores Ashcroft Nowicki, qui la première m'a ouvert les yeux ; Ari Berk, pour les nombreuses idées dont il m'a fait profiter pendant ces années ; Freya Reeves, Karen Ralls et Marian Green pour avoir été mes âmes sœurs durant la quête ; Linda Malcor pour avoir illuminé nos conversations sur les Sarmates et les Narts ; Mark Ryan pour avoir été là et pour une expédition échevelée à Royston, il y a près de vingt ans ; Payam Narbarz pour ses vues sur les mystères de Jamshid ; mon éditeur, Brenda Rosen, pour son aide avisée et ses conseils au fil des ans ; mais surtout ma femme, Caitlin, qui a enduré ma recherche maniaque depuis le début ou presque, et m'a fait bénéficier de son propre savoir à mille étapes du chemin. Vers la fin de la rédaction de cet ouvrage, elle m'a aidé à le terminer, et pour cela je lui dois plus de remerciements que je ne saurais le lui dire.

Enfin j'aimerais remercier quelques personnes : les membres de la Lorian Association et Dwina Murphy-Gibb, qui ensemble ont rendu possible l'achèvement de ce livre dans une période difficile. Qu'ils soient assurés de ma gratitude.

À tous ceux que j'ai nommés et aux légions de chercheurs du Graal et d'érudits, connus et inconnus, sages et fous, qui ont gardé vivante l'idée de la quête à travers le temps, un grand merci. Parmi vous, certains seront certainement en désaccord avec mes conclusions, mais si elles vous encouragent à chercher plus loin, j'en serai plus que ravi.

JOHN MATTHEWS

OXFORD, 2005

Le Gobelet de Titan *(1833), par Thomas Cole, montre une image du Cratère, le grand récipient à mélange des dieux.*

OMBRES ANCIENNES

Il considéra les calices exposés sur chaque autel... De toutes les choses matérielles encore à découvrir dans le monde, le Graal avait été la plus proche du Divin et du Cœur universel. Le ciel, la mer et la terre se déplaçaient, non vers le récipient mais vers tout ce qu'il symbolisait et avait contenu [...] et à travers cette porte [...] toute création se déplaçait.

CHARLES WILLIAMS, *La Guerre au Paradis*

De quand date le Graal ? La réponse risque d'en surprendre certains : il est beaucoup plus ancien que l'ère chrétienne et son champ d'action est beaucoup plus étendu que la période durant laquelle les mythes arthuriens l'ont diffusé dans le monde occidental. En fait, les plus anciennes références viennent non pas de sources celtiques ou chrétiennes médiévales, lesquelles nous sont familières, mais d'une époque beaucoup plus reculée. À la fois dans les mythes grecs de la période classique et dans les hymnes védiques de l'Inde ancienne, qu'on date de plusieurs centaines d'années avant la chrétienté, certaines références désignent directement le Graal, alors que dans l'Empire perse un objet présentant un grand nombre de qualités attribuées au Graal est abondamment cité. Plus loin encore dans le temps, dans le monde préhistorique, on peut discerner un protoGraal dans les tout premiers objets façonnés par la main humaine.

Remonter ces traces anciennes, dénuées de tout support littéraire, ne peut s'effectuer que s'il existe un ensemble cohérent de références sur lequel travailler. Dans le cas du Graal, cela signifie qu'il faut étudier les idées sous-jacentes dans les textes médiévaux qui le décrivent de façon aussi détaillée. L'histoire existe déjà dans sa forme essentielle. À partir de là, il est possible de travailler à rebours afin de localiser les autres objets sacrés qui partagent les mêmes qualités et entraînent les mêmes effets que ceux décrits dans les histoires du Graal.

Le premier point est que, dans tous les textes ultérieurs, le Graal est perçu non pas simplement comme un objet sacré, mais aussi comme une chose issue d'une source divine et qui sert de biais par lequel les êtres humains peuvent se rapprocher de la divinité. C'est la motivation première dans les histoires médiévales contant la quête du Graal, où les chevaliers partis à la recherche du vaisseau miraculeux n'agissent pas seulement parce que c'est la plus grande des aventures, mais aussi parce qu'ils désirent se rapprocher de Dieu. Le deuxième facteur à prendre en compte est que le *contenu* du récipient est souvent plus important que le récipient lui-même. Ainsi, en conclusion des grandes quêtes médiévales, lorsque le chevalier du Graal boit au calice sacré ou y plonge son regard, il découvre quelque chose à l'intérieur qui le met en contact direct avec une source spirituelle. Il existe nombre de scènes dans lesquelles les chevaliers de la quête reçoivent de telles visions du Graal. L'une d'elles figure dans le chef-d'œuvre de sir Thomas Malory, *Le Morte d'Arthur*, rédigé au XVe siècle, qui a rassemblé les fragments épars de la littérature consacrée à Arthur et au Graal pour former le premier véritable roman en langue anglaise sur ce thème. L'extrait suivant est tiré de la fin du livre, lorsque la grande quête est presque terminée, et décrit la transformation mystique finale du chevalier pur, sire Galahad.

Il se leva tôt, de même que ses compagnons. Il se rendit au palais. Devant eux ils virent le Vaisseau sacré, et un homme à genoux, vêtu comme un évêque. Il avait autour de lui une troupe d'anges nombreuse [...] puis [...] il se leva et commença l'office de Notre-Dame. Lorsqu'il en fut à la consécration de la messe, juste après, il appela Galaad [Galahad] et lui dit : « Approche, serviteur de Jésus-Christ, et tu verras ce que tu as tant désiré voir. » Galaad [regarda à l'intérieur du Graal,] se mit à trembler de tous ses membres lorsque la chair mortelle commença à contempler les choses de l'esprit. Il leva les mains au ciel et dit : « Seigneur, je vous remercie. Maintenant je vois ce que je désirais voir depuis longtemps. À présent, doux Seigneur, je voudrais cesser de vivre, s'il vous plaisait de me l'accorder, Seigneur. » Là-dessus l'évêque prit en ses mains le corps de Notre-Seigneur et le tendit à Galaad. Celui-ci le reçut avec beaucoup de joie et d'humilité. « Sais-tu maintenant qui je suis ? demanda le sage. – Non, répondit Galaad. – Je suis Joseph, fils de Joseph d'Arimathie, que Notre-Seigneur t'a envoyé pour te tenir compagnie... »

***Galahad, Perceval et Bors** s'agenouillent en signe de respect devant le Graal, dans cette enluminure tirée de la* Queste del Saint Graal *(vers 1470).*

> *Quand il eut prononcé ces paroles, Galaad alla à Perceval, l'embrassa, le recommanda à Dieu. Puis il fit de même avec messire Bohort [Bors]. Il lui donna ce message : « Gracieux seigneur, saluez pour moi messire Lancelot, mon père, et sitôt que vous le verrez, dites-lui de garder en mémoire l'instabilité de ce monde. » Après quoi il s'agenouilla devant la table, fit ses prières, et soudainement son âme partit vers Jésus-Christ. Une grande foule d'anges la porta au ciel, tandis que les deux compagnons pouvaient en être témoins*[35].

L'innocence de Galahad et son désir de rencontrer Dieu signifient qu'il ne peut vivre plus longtemps dans le monde humain. À l'instar de nombre des saints de la littérature médiévale, il quitte ce monde sans les affres qui accompagnent la mort.

Le troisième aspect du Graal est le fait qu'il transforme ceux qui se trouvent en sa présence. Tout comme Galahad est transfiguré en regardant dans le vaisseau sacré, presque toutes les références présentes dans la littérature ancienne évoquent des récipients qui offrent la nourriture, l'inspiration, jusqu'à la vie elle-même, pour ceux qui mangent ou boivent son contenu; et ceux-ci sont changés à jamais. Lorsque nous remontons le temps, en quête des plus anciens points communs, nous recherchons forcément des objets possédant toutes ces qualités : la connexion avec une source spirituelle, la capacité à transformer ceux qui l'approchent et le fait qu'il contient une substance mystérieuse.

LE GRAAL DE LA PRÉHISTOIRE

Il n'est pas nécessaire de remonter très loin dans les vestiges archéologiques pour trouver de tels objets. L'histoire et le *modus operandi* de ces récipients ne préfigurent pas seulement le Graal qui nous est familier à travers l'époque médiévale; ils offrent des indices cruciaux pour comprendre la véritable nature du Graal lui-même.

Les plus anciens récipients d'origine et de substance divines viennent d'une période à laquelle les grands mythes de la création ont été fixés, lorsque nos ancêtres ont commencé à percevoir ce qui les entourait comme émanant d'une source divine. Les cultures sans écriture, ne possédant aucun moyen de transcrire, ont préservé leurs premières notions du cosmos par le biais de l'oralité ou par la création d'objets. Quand ces idées ont enfin été exprimées par écrit, elles étaient déjà devenues des vérités fixes et codifiées, acceptées, qu'on estimait être la transcription de la parole des dieux eux-mêmes. Elles étaient donc très anciennes quand elles ont été enregistrées pour la première fois.

Le fait que l'idée du vaisseau divin figure dans les tout premiers écrits démontre que nos ancêtres reconnaissaient l'importance de tels objets. On peut imaginer comment les hommes des cavernes, spéculant sur leurs origines, en sont venus à considérer un récipient dans lequel ils boivent et mangent chaque jour comme l'écho distant de ceux, divins, dans lesquels les dieux avaient mélangés les éléments primordiaux qui leur avaient donné vie.

Ce vase trouvé à Winterslow, en Angleterre, montre comment les récipients utilisés au quotidien transcendaient l'ordinaire.

On ne peut savoir comment les premiers créateurs ont compris leurs propres créations, mais la beauté naturelle et la grâce qui imprègnent les plus anciens récipients façonnés par l'homme suggèrent que ces objets n'étaient pas seulement destinés à servir de simples récipients, et qu'ils ont été créés pour refléter la beauté d'un prototype divin. Imaginons l'un des premiers artisans de ce monde ignorant l'écrit, qui crée un récipient qui chaque jour servira à contenir l'eau ou la nourriture assurant la survie. Il lui aurait été aisé de créer un objet très simple, sans aucune grâce ni beauté. Mais une conscience mystique s'est imposée à lui, et ce qui est sorti de ses mains est un objet dont la beauté transcende son but utilitaire.

On peut voir dans ces premiers objets créés par la main de l'homme un lien direct avec les grands calices des époques ultérieures, façonnés dans des métaux précieux et décorés de gemmes, mais dont le but, comme pour les tout premiers récipients, est de refléter la perfection de la création divine.

LE VAISSEAU DES DIEUX

À la lumière de telles croyances, on ne s'étonnera pas que nombre de cultures différentes aient pensé que les éléments de la création avaient été mélangés par les dieux dans un grand récipient avant d'être déversés pour former le cosmos. Dans les premiers témoignages du monde antique, deux mille ans avant J.-C., il existe des références à un tel récipient, nommé le Cratère – un grand bol à mélange d'où les dieux ont tiré les constellations, et d'où des gouttes de matière sont tombées dans l'espace pour se solidifier et former les planètes de notre système solaire. Le philosophe grec Platon (v. 427-348 avant J.-C.), qui a relaté un grand nombre des mythes les plus anciens dans son œuvre, décrit le Cratère ainsi :

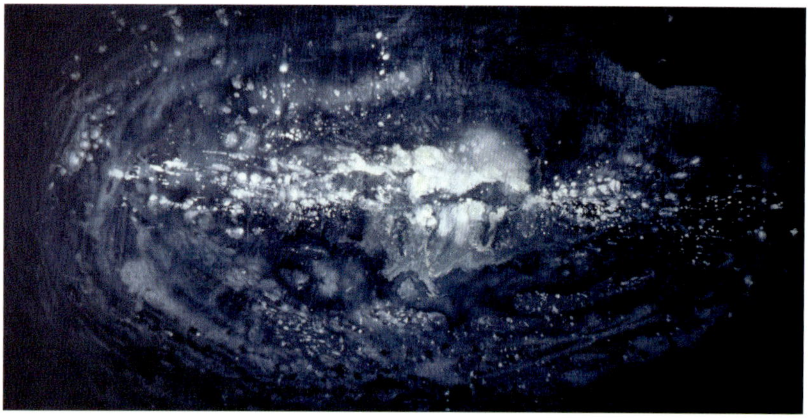

Selon la tradition grecque classique, *les dieux ont versé d'un énorme récipient connu sous le nom de Cratère la matière de la galaxie. Cette image d'une galaxie en forme de nuage illustre la justesse de l'idée.*

Ainsi parla-t-il [le Créateur], et une fois de plus dans la coupe où il avait auparavant mélangé l'âme de l'univers, il versa ce qui restait des éléments et les mélangea exactement de la même manière; ils n'étaient cependant pas aussi purs qu'avant, mais ils se diluèrent au deuxième et au troisième degré. Et ayant ainsi fait, il divisa l'ensemble de la mixture en des âmes égales en nombre aux étoiles et assigna chaque âme à une étoile... et plus tard elles seraient appelées Homme[44].

Le créateur primordial, le dieu d'avant les dieux, qui a déjà formé l'imposant panthéon de la tradition grecque, mélange maintenant dans le Cratère les éléments desquels l'humanité elle-même émergera – corps et âme, intellect et émotions : les aspects fondamentaux de notre nature. Il n'y a donc rien de surprenant à ce que le Graal continue de détenir un tel pouvoir pour nous, s'il est vraiment une déclinaison d'un récipient aussi extraordinaire, car c'est la matrice de laquelle nous sommes issus, l'alambic divin dans lequel nous avons été formés et imprégnés des éléments qui nous rendent uniques.

LE BREUVAGE D'IMMORTALITÉ

Si les éléments divins de la création ont été mélangés dans le Graal ou dans un prototype du Graal, le breuvage distillé dans ce récipient divin recèle une puissance formidable, et l'on peut imaginer son pouvoir de métamorphose lorsqu'il imprègne les humains. On voit les écrivains chrétiens ultérieurs et les compilateurs des textes sur le Graal tracer des parallèles entre ces idées antiques, et celles de leur propre Dieu naissant. Trois cultures – dont une contient le commencement du mythe du Graal, tandis que les deux autres

On voit dans **l'Ephedra intermedia** *la source du breuvage divin connu sous le nom de soma.*

ont peut-être influencé ce mythe – décrivent un tel breuvage sacré, ainsi que le récipient qui le contient. Malgré la distance et le temps qui les séparent, plus d'un commentateur a relevé les analogies entre les cultures de l'Inde ancienne et de l'Europe celtique. Il ne semble pas accidentel que ces deux cultures parlent de vaisseaux sacrés et d'un breuvage divin qui, lorsqu'il est pris par les humains, provoque une transformation aussi puissante.

C'est dans les traditions védiques de l'Inde ancienne, qui remontent à environ 2000 avant J.-C., que bon nombre de ces idées apparaissent en premier, en particulier les enseignements tirés du breuvage divin connu sous le nom de *soma*. Selon la plus ancienne de ces traditions, le soma proviendrait d'une montagne sacrée, Mujavat. Le soma est également décrit comme étant le « lait du paradis », ce qui le place hors du monde humain et le rend analogue à la puissance créatrice qui se déverse du Cratère. Comme pour beaucoup de ces substances qui donnent la vie, tel le feu volé par Prométhée dans la mythologie grecque, le dieu Agni a dérobé le soma dans le château de Cuivre, où il était gardé par un groupe d'êtres angéliques, appelés les Gandharvas. Agni s'est échappé sous la forme d'un aigle, puis a donné le soma à l'homme, lequel s'en est servi comme d'un moyen pour entrer en contact avec la source de toute vie.

Mais le soma n'est pas toujours décrit sous la forme d'un breuvage ; on en parle parfois comme d'un être vivant qui doit être sacrifié et consommé. Il est également décrit comme un « roi » vivant dans un château dont il doit symboliquement être libéré. Les analogies entre l'Eucharistie chrétienne et les rites *haoma* zoroastriens sont très fortes ici, et nous pouvons également envisager que le roi Soma a influencé le personnage du Roi blessé du Graal, dans les romans médiévaux, qui ne pourra être libéré du tourment éternel que lorsque les mystères du Graal seront dévoilés.

Quant à l'identité de la plante d'où est tiré le soma, la plus probable semble être une petite plante, l'*Ephedra intermedia*, qui, écrasée, produit une substance dorée ou laiteuse. Lorsqu'on la boit, elle produit une légère euphorie, décrite comme étant « plus que le réconfort de la force, mais moins que l'intoxication », qui permet au buveur d'atteindre à l'unité avec Dieu.

La façon de récolter et de préparer le soma renvoie à celle utilisée par les druides de Bretagne pour récolter le gui. Dans les deux cas, la plante est coupée avec une lame sacrée et déposée sur un tissu écru. Le gui, aux propriétés beaucoup plus hallucinogènes (et nocives) que l'*Ephedra intermedia*, produit lui aussi une substance laiteuse. On fait référence au gui comme au soma en parlant de la semence des dieux, et ces deux plantes représentent un élément sacrificiel dans les rites des deux cultures.

On croit aussi que le soma contient un grand nombre des éléments de la création, de sorte que l'ingurgiter revient à absorber la substance de la vie elle-même ainsi que celle des dieux. Les poètes et les mystiques le considèrent comme un breuvage divin donnant l'inspiration, alors que pour d'autres il est une partie de l'échange divin entre les mortels et les dieux, grâce auquel les humains aspirent à la divinité et les dieux s'abaissent vers la mortalité.

Même si le soma est décrit par un éventail impressionnant de termes symboliques, un schéma sous-tend l'ensemble, qui se répétera dans le mythe du Graal. Le soma est un breuvage vivifiant qui permet la communion avec la divinité. Lorsqu'il est représenté sous l'apparence d'un roi régnant sur un château (comme le château du Graal, au sommet d'une montagne), on y trouve des échos très nets de l'histoire du Graal. Un des hymnes du *Rig Veda* en donnera la preuve :

J'ai goûté, comme quelqu'un qui connaît son secret,
le breuvage à la douceur de miel qui charme et détend,
le breuvage que tous, dieux comme mortels,
cherchent à obtenir, et qu'ils appellent nectar.

Nous avons bu le soma et sommes devenus immortels !
Nous avons atteint la lumière, nous avons trouvé les dieux !
Que peut la malice d'un Homme mortel
ou sa malveillance, contre nous maintenant, ô Immortels[43] *?*

Les termes utilisés ici pourraient être tirés de n'importe quel texte consacré plus tard au Graal. Une fois encore, le breuvage divin procure une connexion entre l'homme et le dieu. Puisque le védisme fait de l'humanité et des dieux des partenaires égaux dans la vie, il est facile de voir comment les traditions du soma peuvent être reliées à la fois aux idées exprimées dans le mythe de Platon sur le Cratère et dans celles de la quête médiévale du Graal. Dans les deux cas, elles mènent à l'union avec une divinité.

Que ces textes védiques aient influencé le développement du mythe du Graal demeure une question ouverte. Néanmoins, il existe certains indices qui montrent des points communs entre les cultures de l'Inde ancienne et des Celtes, dont le concept de la réincarnation, la notion de vie future et la participation des dieux dans les affaires humaines. Un des objets de culte les plus célèbres dans le monde celtique, le chaudron de Gundestrup, figure des éléphants parmi les animaux qui le décorent. Le récipient a été découvert dans une tourbière danoise en 1891, et on attribue son origine à la période de la Tène ou des Celtes, aux alentours de 120 avant Jésus-Christ. La présence de ces éléphants a incité certains spécialistes à se demander si des artisans captifs du sous-continent indien n'avaient pas travaillé à sa confection. Il existe assez d'analogies entre les enseignements contenus dans les Veda et la littérature celte pour que l'influence puisse avoir transité entre les deux cultures dès les temps les plus reculés.

***Ce chaudron en bronze** découvert à Gundestrup, au Danemark, incarne le mythe celtique d'un récipient divin.*

LA COUPE DE JAMSHID

Plus à l'est, dans l'immense Empire perse, a fleuri la représentation d'un autre vaisseau montrant plusieurs caractéristiques qui s'enracineront plus tard dans le mythe du Graal : il s'agit de la coupe de Jamshid. Selon l'historien du XIe siècle Firdausi, Jamshid, un roi à demi divin dont on dit qu'il régna sur l'ancien monde, était le petit-fils du prince Kumars, l'Adam perse, et le cinquième roi après la création du monde. On lui attribue un règne long de mille ans, durant lequel il aurait établi les mystères de l'art de la guerre, de la filature et de l'agriculture. Au crépuscule de sa très longue existence, il voulut être vénéré à l'égal d'un dieu, et c'est pourquoi tous ses pouvoirs lui furent ôtés par le créateur[19]. Sa coupe magique lui permettait de découvrir tout ce qui se passait de par le vaste monde. Une fois encore, cette histoire suggère le souvenir très ancien d'un récipient qui peut-être avait contenu tous les éléments de la création.

***Le demi-dieu perse Jamshid**, dépeint dans cette miniature du XIIIe siècle, possédait une coupe capable de donner la lumière à ceux qui y buvaient.*

La coupe de Jamshid représentait également la royauté, peut-être sous son aspect divin, léguée à travers le temps par l'intermédiaire de la lignée royale des empires perses. On pourrait y voir le signe précurseur de la longue lignée de rois du Graal qui ont gardé le vaisseau sacré. On peut aussi estimer que le récipient offrait un lien avec les origines divines du monde, tout comme la totalité des récipients sacrés dont nous avons déjà parlé.

LE SAMPO

Les Grecs et les peuples de l'Inde et de la Perse anciennes n'étaient pas les seuls à connaître des récipients sacrés aussi extraordinaires. Dans les étendues de la steppe, les tribus nomades racontaient l'histoire d'un chaudron possédant des pouvoirs extraordinaires, alors que dans les traditions finno-ougriennes de l'Europe du Nord un grand récipient, le Sampo, est décrit comme ayant contenu l'univers.

La création du Sampo figure dans un grand nombre de légendes finlandaises, regroupées sous le nom générique de *Kalevala*, transmises de génération en génération avant qu'on ne les rassemble au XIXe siècle. Il est demandé par son frère Vaïnämoïnen, le plus ancien des dieux, au grand dieu forgeron Ilmarinen de créer le Sampo. Ilmarinen arrache quelques plumes à un cygne, prend du lait à une vache stérile, un petit grain d'orge et la fine laine d'une brebis féconde, puis il place le tout dans sa forge. Ensuite, il commande aux serfs d'attiser le feu jusqu'à ce qu'il rugisse et vomisse des flammes. Chaque jour, Ilmarinen examine le contenu du four.

Maints objets merveilleux naissent de ce four, parmi lesquels une coupe d'or, un navire en cuivre rouge, une génisse aux cornes d'or et une charrue au soc d'or et au manche d'argent. Pourtant, aucun de ces objets ne satisfait Ilmarinen, qui les brise un à un et les rejette dans la fournaise. Les runes du *Kalevala*, datées du Xe siècle, décrivent ce qui se produit ensuite :

Le dieu forgeron finlandais Ilmarinen *forge le Sampo, vaisseau divin qui peut être considéré comme un précurseur du Graal.*

Alors le vent furieux se leva,
Qui chassa le vent de l'est, et chassa le vent de l'ouest,
Et le vent du sud encore plus violemment,
Et le vent du nord hurla et se déchaîna.
Ainsi donc ils soufflèrent un jour, une seconde,
Et au troisième jour pareillement.
Le feu embrasait les fenêtres,
De la porte s'envolaient les étincelles
Et la poussière aux cieux montait;
Aux nuages la fumée se mêlait,
Puis le forgeron Ilmarinen,
Au soir du troisième jour,
Pencha sa haute stature, et plongea le regard
Jusqu'au fond de la fournaise,
Et il vit Sampo qui se formait,
Avec son couvercle aux multiples couleurs.
Sur ce, Ilmarinen le forgeron,
Le grand artisan des premiers âges,
L'assembla et le martela,
Accumulant les frappes rapides sur lui,
Et fabriqua de son art subtil le Sampo[29].

Cet objet merveilleux est parfois décrit comme un majestueux chaudron décoré de motifs étoilés (ce qui laisse à penser qu'il était similaire au Cratère). Selon la version la plus ancienne du *Kalevala*, sur un côté se trouvait un moulin à farine, sur un autre un moulin à sel, sur le troisième côté un moulin à monnaie. Ces dessins seuls prouvent que le Sampo est un objet qui combine les éléments destinés à assurer la vie. Même les objets merveilleux qu'Ilmarinen a détruits et qui doivent être reconstitués dans la forme finale prise par le Sampo font partie intégrante de l'ancien mythe de la création. Le soc de charrue, la coupe et le moulin font tous partie de la vie agricole, alors que les monnaies constituent le viatique du monde commercial. Tous occupent une place centrale dans l'existence des hommes. Le Sampo lui-même était investi d'une telle puissance qu'il était capable de transformer les terres désolées et enneigées de la province de Pohjola en un paradis verdoyant. Plus tard, il fut brisé en plusieurs morceaux que divers héros recherchèrent ensuite d'une façon qui rappelle une fois de plus la quête du Graal.

LE NARTAMONGA

Plus loin à l'est, dans les steppes, des nomades, les Sarmates, originaires d'une zone située entre la mer Noire et la mer Caspienne, ont entretenu un autre mythe concernant un vaisseau sacré.

Les Sarmates, ici dans un détail de la colonne de Trajan, racontaient l'histoire d'un récipient sacré très semblable au Graal.

Après un conflit avec l'empereur romain Marc Aurèle au IIe siècle de notre ère, 5 500 de ces guerriers remarquables furent affectés dans la lointaine contrée de Bretagne en tant que force d'occupation. Leur commandant était un officier romain du nom de Lucius Artorius Castus, qui, du moins l'a-t-on suggéré, inspira le roi Arthur du Moyen Âge. Les hauts faits des guerriers sarmates ont pu influencer la création des aventures des chevaliers de la Table ronde. Hormis un ensemble considérable de preuves archéologiques qui étayent cette théorie, plusieurs mythes originaires de ce peuple se retrouvent dans les éléments clés qui constituent l'histoire du Graal.

Une tribu en particulier, celle connue aujourd'hui sous le nom de Narts, descendants des Sarmates d'origine, a conservé un certain nombre de mythes anciens, dont plusieurs développent des thèmes analogues à ceux du cycle arthurien. Ainsi en est-il de l'histoire concernant Nartamonga, un récipient en forme de chaudron qui n'acceptait de servir qu'à la confection de nourriture pour les héros et qui déclenchait

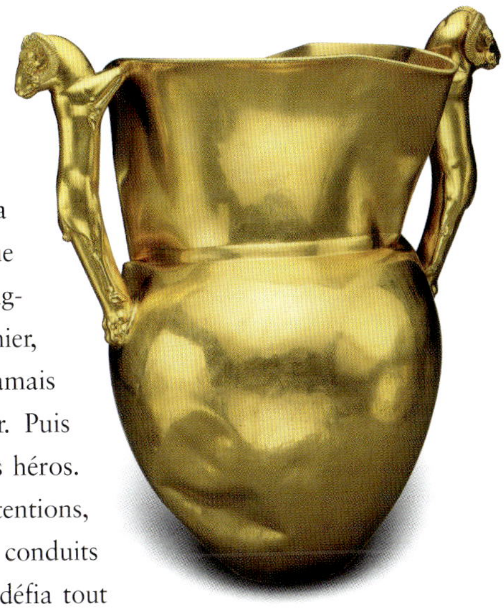

Cette coupe scythe en or du Ve siècle avant J.-C. pourrait fort bien être une réminiscence du récipient sacré détenu par la tribu des Narts.

l'inspiration chez les guerriers qui le possédaient. Une des histoires est centrée sur le héros Batradz, dont les hauts faits rappellent fortement ceux d'Arthur. On peut la résumer ainsi :

Les Narts se querellaient pour savoir qui devrait avoir la garde de Nartamonga, la coupe sacrée qui ne pouvait servir que le héros le plus parfait et qu'ils avaient recherchée très longtemps, comme les chevaliers d'Arthur, le Graal. Le premier, Urzymag, déclara que sans lui leur quête de la coupe n'aurait jamais abouti, raison pour laquelle Nartamonga devait lui revenir. Puis Soslan et Sozyrykn affirmèrent chacun être le plus grand des héros. Dans chaque cas, Batradz, le chef des Narts, rejeta leurs prétentions, en donnant des exemples de situations où ils ne s'étaient pas conduits selon les critères définissant l'héroïsme. Finalement, Batradz défia tout homme présent de trouver un moment où lui-même avait déçu leurs espoirs. Personne ne pouvant en citer un, Batradz obtint la garde de Nartamonga.

Il est intéressant de noter que Batradz est non seulement le prototype du futur roi Arthur, mais aussi celui du gardien du Graal, ce qu'Arthur deviendra lui-même dans les versions médiévales. La nature de Nartamonga et sa capacité à développer l'héroïsme et l'inspiration soulignent ses similitudes avec les chaudrons celtes dispensant inspiration et vie, que nous examinerons dans le chapitre suivant. On ne peut douter que la saga des Narts représente un chaînon important dans la chronologie du Graal.

Un si grand nombre de thèmes et d'idées contenus dans l'histoire ultérieure du Graal ont tout d'abord été découverts dans ces références qu'il est difficile de ne pas voir une transmission directe allant de ces croyances ancestrales jusqu'aux steppes septentrionales où les Narts transportaient leur chaudron sacré qui offrait inspiration et idéaux héroïques, jusqu'aux mythes fondateurs des Finlandais. De là, le tout s'est déversé dans les écrits visionnaires des Celtes, puis directement dans le grand *melting-pot* du mysticisme occidental et de la théologie chrétienne, qui ont produit les premières histoires où le Graal apparaît sous une forme aujourd'hui identifiable. Les mythes celtes forment le lien qui unit les références les plus anciennes à son apparence christianisée.

LE CHAUDRON ET SES GARDIENS

Est-elle perdue, la route maritime isolée de pins, de cyprès et de lauriers
Qui mène au Château sacré au-dessus de l'écume de la mer ?
Au bâtiment blanc et silencieux toujours tendu de ses roses d'ivoire et ses coraux,
Le masque de la Lance et de la Coupe trace-t-il son chemin merveilleux et triste ?

RACHEL ANNAND TAYLOR, *Perceval à Corbénic*

L'idée d'un récipient parmi tous les récipients qui offrirait un lien direct avec la source de toute chose ou qui contiendrait la matière primordiale de la création apparaît dans les plus anciens témoignages. Dans un premier temps, ce vaisseau divin appartient aux dieux, et il est tellement énorme que l'ensemble de la création peut s'y loger. Mais à mesure que le mythe se développe se produit un phénomène extraordinaire : le récipient est importé dans le monde humain. Il se trouve parmi les humains et on peut l'y chercher. D'une certaine manière, c'est le développement le plus important dans l'histoire première du Graal, et pourtant sa place demeure en retrait.

Alors que les premiers artisans cherchaient à recréer l'idée du récipient sacré à travers les coupes et les gobelets d'usage quotidien, ils ont ancré cette idée dans le monde. Parmi les nomades des steppes, c'est devenu un objet quotidien miraculeux, un chaudron dispensant une nourriture à la fois réelle et spirituelle. Au sein des tribus celtes du nord de l'Europe, cette idée s'est développée encore plus, en même temps qu'une variété de récipients magiques apparaissaient dans les traditions, apportant l'idée d'un gardien spécifique du vaisseau sacré.

Il n'y avait pas de coupe étincelante, de vierge radieuse portant la relique sacrée à travers un manoir médiéval. Au lieu de cela il y avait des chaudrons anciens, à la décoration sculptée et complexe, au bord incrusté de perles « tiédies par le souffle de neuf vierges », selon un texte. Ces chaudrons possédaient le pouvoir d'accorder la vie, de faire apparaître une nourriture spirituelle et de conférer à leurs propriétaires des faveurs insignes. Initialement, ils étaient sous la garde des dieux et des déesses et, plus tard seulement, sous celle des humains. Dans les premières histoires, ils furent volés, récupérés, et volés à nouveau. Cachés et révélés, ils gisent au cœur des mystères celtes du Graal, et

Ce chaudron daté du ***v*^e *siècle avant J.-C.*** *rappelle les récipients magiques qui sont décrits dans la mythologie des Celtes.*

on les a recherchés comme des talismans de pouvoir, tout comme le Graal à l'époque du roi Arthur. En examinant ces preuves, on comprend comment le vaisseau sacré s'est perpétué à travers l'âge des ténèbres et jusqu'à l'aube du mysticisme chrétien. En chemin, sa forme a changé, préparant la voie pour le Graal.

LE CHAUDRON DE CERIDWEN

De tous les chaudrons appartenant à un dieu ou à une déesse mentionnés dans la tradition celte, l'un des premiers à apparaître, qui est aussi l'un des plus importants, est celui de Ceridwen, une divinité féminine qui règne sur les récoltes, les cochons et l'inspiration divine. Son histoire est issue d'un ensemble nommé les *Mabinogion*, lequel contient certains des éléments mythiques les plus anciens.

Ceridwen avait un fils, Afagddu, dont le nom signifie « ténèbres profondes » ou « corbeau noir », et qui était d'une telle laideur que nul ne pouvait supporter sa vue. Aussi Ceridwen décida-t-elle d'entreprendre la distillation de la sagesse et du savoir purs, afin de mieux armer son fils pour affronter la vie. Elle rassembla les ingrédients nécessaires au mélange et envoya ses serviteurs, un vieil homme aveugle nommé Morda et un garçon nommé Gwion, afin de veiller sur son grand chaudron, dont le contenu devait être maintenu en ébullition pendant un an et un jour.

Alors que le brouet arrivait à son stade final, Ceridwen s'en alla chercher quelques derniers ingrédients, en laissant Gwion remuer la mixture. Alors qu'elle était absente le jeune homme commença à s'assoupir, et trois gouttes sautèrent du chaudron et lui brûlèrent la main. Par réflexe il fourra les doigts blessés dans sa bouche et c'est ainsi qu'il acquit tout savoir, car les trois gouttes étaient la distillation du brouet de Ceridwen[22].

Aussitôt Gwion prit conscience que la déesse savait ce qui s'était passé et qu'elle allait revenir pour le punir. Recourant à ses nouveaux pouvoirs, il changea de forme, prit celle d'un lièvre et s'enfuit. Ceridwen se changea en lévrier et se lança à sa poursuite. À travers plusieurs métamorphoses successives en quadrupède, en oiseau ou en poisson, Gwion fuit devant la déesse, jusqu'à ce que, en désespoir de cause, il se transforme en un grain de blé dans un tas de paille, à l'intérieur d'une grange. Mais Ceridwen prit alors l'apparence d'une poule à crête rouge et avala le grain. Neuf mois plus tard, elle donnait naissance à un fils.

Ceridwen aurait tué l'enfant à sa naissance s'il n'avait été d'une grande beauté. Elle le plaça dans un sac de cuir qu'elle confia à la mer. Le sac flotta pendant neuf nuits et neuf jours, ou neuf lunes, jusqu'à ce qu'il soit pris dans le barrage à saumons du chef Gwyddno Garanhir. Là, il fut trouvé par le fils de Gwyddno, Elffin, un garçon malchanceux qui avait perdu tous ses biens et avait reçu le don d'attraper les saumons qui se jetaient dans les filets de son père le jour précédant mai. Cette fois, cependant, il n'y eut pas de saumon, seulement un sac de cuir qui se tortillait et pleurait. Déplorant sa malchance, Elffin le prit et l'ouvrit. Quand il trouva l'enfant à l'intérieur, il fut frappé par sa beauté, en particulier par son large front blanc. « Taliesin, ainsi serai-je nommé », dit l'enfant, car ce nom signifie « front radieux », et c'est ainsi qu'il fut appelé. Et bien qu'il ne fût encore qu'un nouveau-né, il composa pour Elffin une chanson, qui devait être la première de nombreuses autres.

Ainsi Gwion renaissait-il de la déesse Ceridwen en tant que Taliesin, qui devint un grand barde, et se révéla un prophète et un sorcier puissant dans la tradition de Merlin, dont il devint le successeur. Tous ses pouvoirs venaient du chaudron de Ceridwen et des trois gouttes d'inspiration qui l'avaient accidentellement imprégné.

C'est là une histoire très ancienne, et un thème encore plus ancien. S'y trouve cachée une expérience initiatique dans laquelle le candidat se voit offrir un breuvage qui le plongera dans une transe où il pourra voir les événements passés ou futurs, et qui le mettra en contact avec l'inspiration divine. La nature des transformations de Gwion en oiseau, en quadrupède et en poisson révèle le caractère chamanique de l'expérience, car il est enseigné à tous les chamans comment découvrir divers animaux-totems et comment s'y identifier; ces animaux deviennent leurs guides et leur secours dans les royaumes intérieurs où ils voyagent afin d'apprendre les secrets de la création. L'histoire de Taliesin est l'une des plus claires que nous possédions quant à la succession initiatique dans la tradition celte. Elle montre la puissance de l'expérience du chaudron et enseigne comment celle-ci offre un lien personnel avec le divin au cœur de l'univers.

LE CHAUDRON DE BRÂN

Le deuxième exemple de la fascination celte pour le vaisseau divin sous forme d'un chaudron – exemple qui s'inscrit dans l'univers du Graal – est celui du demi-dieu Brân. L'histoire est une nouvelle fois tirée des légendes rassemblées sous le titre de *Mabinogion*, terme qui signifie littéralement « histoires de jeunesse », ou peut-être « histoires de jeunes héros ». On ne les a regroupées qu'au XIIIe ou XIVe siècle, mais elles contiennent la plupart des plus anciennes références celtes à Arthur et au Graal. Dans une de ces histoires énigmatiques, « L'Histoire de Branwen, fille de Llyr », nous trouvons ce qui suit.

Le Chaudron de Brân, *d'Alan Lee, représente la tête du géant qui continue de narrer des histoires après avoir été séparée de son corps.*

Brân le Béni était roi de Bretagne, dans un lointain passé. Il arrangea le mariage de sa sœur Branwen avec Matholwch, roi d'Irlande. Lors du repas de noces, le demi-frère de Brân, Evnissien, se sentit offensé par le roi irlandais et mutila les chevaux de celui-ci. La querelle semblait inévitable, mais Brân offrit à Matholwch le chaudron de la Renaissance, dans lequel on plaçait les guerriers morts qui revenaient à la vie. Matholwch connaissait déjà l'existence du chaudron, qui venait d'Irlande, où il avait appartenu au géant Llassar Llaes Gyfnewid. L'épouse du géant, Cymedeu Cymeinfoll, donnait naissance à un guerrier armé de pied en cap toutes les six semaines. Ils avaient été chassés d'Irlande et avaient trouvé refuge auprès de Brân.

Branwen se rendit alors en Irlande, où elle donna un fils à Matholwch, mais elle était tellement impopulaire qu'on lui interdit de partager la couche de son mari et qu'on la relégua aux cuisines. Accablée par le chagrin, elle dressa un étourneau et lui fit porter un message à son frère. Ce dernier traversa la mer avec tous ses guerriers lorsqu'il apprit comment elle était maltraitée. Matholwch battit en retraite et proposa la paix, laquelle fut acceptée à la condition qu'il abdique en faveur de Gwern, le fils qu'il avait eu de Branwen.

Lors du festin qui suivit, Evnissien apporta une fois de plus le malheur en jetant l'enfant dans le feu, où il se consuma. Un grand combat eut lieu, et les Irlandais commençaient à l'emporter car ils plaçaient leurs guerriers morts dans le chaudron, d'où ils émergeaient vivants. Regrettant enfin ses crimes, Evnissien se glissa dedans et, écartelant ses membres, brisa à la fois le récipient et son propre cœur. Brân fut blessé par une lance empoisonnée et donna ordre aux sept survivants de sa suite de lui trancher la tête et d'emporter celle-ci en un lieu bien précis.

Ils voyagèrent jusqu'à une île appelée Gwales, où ils furent distraits par la tête de Brân, laquelle continuait de parler et de raconter des histoires, et par le chant des oiseaux magiques de Rhiannon, qui les plongea dans un état proche de la transe durant quatre-vingt-cinq années. Pendant tout ce temps ils ne connurent ni peur ni privation et oublièrent tout ce qu'ils avaient souffert. Puis l'un des fidèles ouvrit une porte qu'on leur avait interdit de franchir, aussitôt l'enchantement cessa et ils se remémorèrent tout ce qui était arrivé. La tête de Brân leur ordonna d'être portée à Londres et d'être enterrée sous la Montagne blanche, face tournée vers la France. Les sept retournèrent ensuite dans le pays de Brân, qu'ils trouvèrent sous l'emprise d'un magicien nommé Caswallen. Le reste de l'histoire est narré dans les *Mabinogion*, mais ne nous concerne pas ici.

Le chaudron décrit possède un statut qui se situe hors des contingences de ce monde. Le couple de géants, Llassar Llaes Gyfnewid et Cymideu Cumeinfoll, peut être identifié à Ceridwen, qui était de stature géante, et à Tegid Foel, avec qui elle est associée dans des légendes plus récentes. On prétend qu'ils viennent d'un lac avec une île en son centre, et que tous deux possèdent un chaudron qui accomplit des prodiges. Les deux couples semblent représenter une tradition plus ancienne, liée à une race d'autochtones bretons géants dont on retrouve des traces ailleurs dans la mythologie celte. Il convient de se souvenir que Cymideu aurait également donné naissance à des guerriers armés de pied en cap toutes les six semaines – peut-être une réminiscence de la façon dont le chaudron ramène à la vie les guerriers morts. C'est certainement une référence au récipient considéré comme une matrice.

Matholwch a tôt fait de découvrir l'erreur en admettant le couple à sa cour. Ils se sont multipliés si rapidement et ont commis des actes tellement offensants qu'en moins de quatre mois le roi irlandais a cherché à se débarrasser d'eux. Il y est parvenu en faisant construire une immense maison de fer réservée au géant, qu'il a ensuite chauffée pour tenter de détruire ces invités malvenus.

Dans l'histoire irlandaise, le géant et sa femme sont placés dans une maison pareille à un grand chaudron de fer. Ce thème rappelle curieusement le symbolisme alchimique, que nous étudierons plus en détail ultérieurement, et où le « roi » et la « reine » sont placés dans un bain, lequel est ensuite chauffé et d'où tous deux émergent transformés et régénérés. En dernière analyse, l'idée est la même : ceux qu'on plonge dans le chaudron de la Renaissance en ressortent régénérés.

Dans « Branwen », les géants fuient en Bretagne, où ils deviennent de paisibles citoyens. Là, à la différence du traitement qu'ils ont reçu en Irlande, ils sont bien accueillis et Brân « les loge dans toutes les parties du royaume » – référence probable aux capacités d'enfantement de la géante, dont la descendance procure d'excellents soldats à l'armée de Bretagne.

Ces pointes de lance, d'origine celte, *ont peut-être inspiré l'histoire de Brân, thème qui réapparaît dans maintes histoires concernant le Graal.*

LA CUISSE PERCÉE

Dans cette histoire Brân a reçu une blessure causée par une lance empoisonnée. Il se saisit de Branwen et prononce des paroles qui sont généralement traduites ainsi : « Chiens de Gwern, prenez garde au courroux de Morddwyd Tyllion. » C'est un indice très important sur le lien entre les mythes du chaudron celte et les histoires du Graal ultérieures, car, bien que les propos de Brân semblent n'avoir aucun sens dans le contexte, lorsqu'ils sont traduits en totalité tout devient clair. « Morddwyd Tyllion » signifie en fait « cuisse percée », et c'est une expression qui s'applique mieux à un autre personnage du Graal, personnage qui n'est pas sans lien avec Brân. « Les Chiens de Gwern » est une allusion aux Irlandais fidèles qui suivent le jeune Gwern, lequel est leur roi pendant une courte période. Mais si l'on traduit littéralement le terme « gwern », c'est-à-dire « marais des aulnes », la phrase devient : « Chiens du marais des aulnes [c'est-à-dire les Irlandais], prenez garde à la cuisse percée [c'est-à-dire Brân]. »

L'importance de cette épithète appliquée à Brân devient apparente lorsqu'on étudie les histoires médiévales traitant du Graal. Le personnage du Roi blessé souffrait d'une plaie à la cuisse (en général, on y voit une référence aux parties génitales), qui ne pouvait être guérie que par l'arrivée du chevalier du Graal. Si l'on se souvient qu'un des premiers rois de la lignée du Graal avait pour nom Bron, on peut établir un lien entre le personnage titanesque de Brân et le mystère du Graal.

Mortellement blessé, Brân ordonna à ses fidèles survivants de lui trancher la tête et de l'emporter à Bryn Gwyn, la Montagne blanche, à Londres, et de l'enterrer face tournée vers la France. Tant qu'elle resterait là, leur dit-il, aucun ennemi ne serait en mesure d'envahir la Bretagne en venant de cet endroit. Cet épisode montre que Brân était reconnu comme un ancien gardien de la terre, un roi sacré qui continuait de veiller sur le royaume après sa mort.

Cependant, les survivants du parti irlandais ne se rendent pas directement à Londres. Ils font deux haltes en chemin, d'abord à Harlech, où Branwen meurt, puis dans une île mystérieuse appelée Gwales, où ils passent quatre-vingts années à festoyer et chanter. Pendant tout ce temps, la tête de Brân continue de parler et de divertir la compagnie comme s'il était toujours vivant; c'est pourquoi cette période est appelée le Divertissement de la Noble Tête, et les sept survivants irlandais la Compagnie de la Noble Tête.

LA FORTERESSE DE L'AUTRE MONDE

Tous ces éléments désignent l'île de Gwales comme une représentation de l'Autre Monde celte, où les héros morts séjournent pendant une éternité, à festoyer et chanter en compagnie de leurs dieux. Un tel lieu est précurseur du royaume paradisiaque recherché plus tard par ceux qui se lancent dans la quête du Graal. Il est également en accord avec la mystérieuse île de Caer Siddi, une forteresse surnaturelle décrite par Taliesin dans un poème intitulé « La Défense du siège » :

Parfait est mon siège à Caer Siddi.
Où nul n'est affligé par l'âge ou la maladie...
Trois cercles de feu l'entourent,
À ses limites viennent les courants de l'océan.
Une fontaine féconde joue devant lui
Dont la liqueur est plus douce que le vin le plus fin.

Brân était le gardien du chaudron de la Renaissance; dans « L'histoire de Branwen », après qu'il a été blessé à la cuisse, Brân se retira dans l'Autre Monde avec ses fidèles, qui furent miraculeusement divertis dans le royaume paradisiaque, où ils n'éprouvèrent nulle peine et ne vieillirent pas. Taliesin, qui était un initié et un gardien des mystères du chaudron de Ceridwen, a évoqué un endroit similaire. S'agit-il là des premières descriptions de la demeure terrestre du Graal ? Si tel est le cas, ce sont les premières parmi toutes celles que nous rencontrerons.

LE VOYAGE D'ANNWN

Sous sa forme divine, Brân est reconnaissable comme un type d'« hôte surnaturel » – un être qui régale les héros dans sa halle magique, les nourrissant à un chaudron impossible à éteindre qui « ne cuira pas de nourriture pour un lâche ». Nous voyons un autre exemple de ce type de récipient, et incidemment nous renforçons les liens entre les divers chaudrons et le Graal, en étudiant un autre poème attribué à Taliesin. Il était présent au Divertissement de la Noble Tête et était lui-même un de ceux nés du chaudron, un initié du vaisseau sacré. Son poème intitulé « Preiddeu Annwn » (« Le Butin d'Annwn »), qu'on peut dater du IXe siècle après J.-C. dans sa forme actuelle mais qui contient des éléments tirés d'un passé beaucoup plus ancien, commence ainsi :

Depuis que mon chant a résonné dans le Caer tournant,
Je suis prééminent. Ma première chanson
Était sur le Chaudron lui-même.
Neuf vierges le réchauffaient de leur souffle...
De quelle nature est-il ?
Des perles cerclaient son bord,
Et il refusait de cuire la portion d'un couard.
Lleminawg enfonça son épée étincelante
Dans ses profondeurs ;
Et avant les portes de la nuit, une lumière s'en éleva.
Lorsque nous partîmes avec Arthur – une tâche ardue –
À part sept, nul autre ne revint de Caer Fedwydd.

Prééminent je suis
Depuis que mon chant a résonné
Dans la cité aux quatre places,
L'Île de la Porte solide.
La lumière était faible et mêlée de ténèbres,
Bien qu'un vin clair fût posé devant nous.
Trois multitudes de Prydwen allèrent avec Arthur...
À part sept, nul autre ne revint de Caer Rigor.

C'est là une description d'une expédition entreprise dans l'Autre Monde par Arthur pour y dérober le chaudron magique de Pen Annwn. Le mot « pen » (« tête ») fait référence au roi de l'Autre Monde, Arawn, qui était la tête ou le chef d'Annwn et possédait un chaudron aux pouvoirs incommensurables. Il est possible qu'en le dénommant Pen Annwn, Taliesin établisse un lien entre la tête de Brân et même avec une autre tête, celle qui flotte sur un plat empli de sang dans une histoire à laquelle nous nous intéresserons bientôt. Comme plus tard dans la quête du Graal, « la tâche est ardue ». Seuls sept hommes – le même nombre que ceux revenus d'Irlande avec Brân – rentrent avec Arthur. L'un d'entre eux est Taliesin, qui narre cette histoire. On notera que la description des « caers » à travers lesquels les héros doivent passer afin d'atteindre la halle d'Arawn rappelle l'île décrite dans l'autre poème de Taliesin (appelée Caer Siddi) et l'île de Gwales dans « Branwen ». De fait, le voyage de Brân en Irlande semble avoir été modelé sur « Le Butin d'Annwn », et il est possible qu'à une époque il n'ait été qu'une redite de ce voyage avant que l'histoire des aventures de Branwen ne s'y greffe.

Une localisation plus précise du vaisseau sacré va alors commencer à émerger. L'imagerie de l'ensemble devait se développer d'abord dans un château, puis dans un temple tandis que les écrivains médiévaux du Graal cherchaient des indices de son origine.

LE GARDIEN DU SANCTUAIRE

Si le Graal avait désormais un lieu de résidence, il lui fallait aussi un gardien pour veiller sur lui et le protéger de ceux qui risquaient de le rechercher pour le détruire ou pour l'utiliser à leur propre profit. Ce thème devient central dans les dernières histoires du Graal, mais les preuves indiquent que Brân et Arthur sont les premiers gardiens humains du vaisseau sacré.

Nous avons vu comment Brân ordonna que sa tête soit enterrée sous la Montagne blanche, à Londres. Cela faisait de lui le gardien de la terre, enseveli en son sein – thème commun dans la littérature et la tradition celtes. Plus tard, on nous apprend qu'Arthur fait déterrer sa tête, en déclarant que nul autre que lui ne doit défendre l'île de Bretagne. Le nom de Brân, qui signifie « corbeau », est aussi lié à Arthur, dont la tradition populaire dit qu'il prit la forme d'un crave à bec rouge, sorte de corbeau, après sa mort. Jusqu'à aujourd'hui des corbeaux fréquentent la Tour de Londres, laquelle est érigée sur la Montagne blanche, et la croyance est largement répandue que s'ils la quittent le pays dépérira. C'est pourquoi, aujourd'hui encore, on prend la précaution de leur rogner les ailes afin qu'ils ne puissent s'envoler !

***Les corbeaux** nichant dans la Tour de Londres, en Angleterre, symbolisent toujours la vigilance de Brân.*

LE TITAN ENDORMI

La blessure à la cuisse de Brân suggère qu'il est le prototype du Roi blessé qui garde le Graal. Sa surveillance du chaudron, et en définitive de la Bretagne, l'identifie à une sorte de *genius loci*, un esprit protecteur du lieu comme le deviendra plus tard Arthur, dormant sous la terre jusqu'à ce qu'il lui faille réaffirmer son autorité. Dans la mythologie grecque, un personnage comparable, qui partage ces attributs ainsi que sa stature gigantesque, est Cronos, le dieu du Temps, qui a engendré Zeus. Plutarque, auteur grec du Ier siècle, nous brosse un portrait plein de vie de ce dieu, dormant sous une île au large de la Bretagne, et amorce un lien beaucoup plus profond entre les deux personnages. La citation, extraite d'une œuvre intitulée *Le Visage de la lune*, nous le raconte :

> *Les habitants [de Bretagne] racontent que dans l'une de ces îles Cronos a été relégué par Zeus mais que, ayant un fils pour geôlier, il demeure le seigneur*

souverain de ces îles [...]. Cronos lui-même dort dans une caverne profonde, allongé sur une roche à l'aspect de l'or [...]. Les oiseaux entrent par le haut de cette grotte et lui apportent de l'ambroisie, et toute l'île embaume la fragrance qui émane de la roche[45].

Ce dessin de sir Edward Burne-Jones *représente Cronos, dieu du Temps, plus tard identifié au Brân celte.*

Non seulement cela évoque de façon très troublante les descriptions ultérieures du roi du Graal gardé en vie par une colombe venue des cieux qui lui apporte une hostie, mais cela nous rappelle aussi l'île sur laquelle Brân réside avec la Compagnie de la Noble Tête et les oiseaux de Rhiannon. Selon le mythe grec, Cronos est le dernier des Titans, qui, ayant castré son père Ouranos, est devenu seigneur du monde. Plus tard, il dévorera tous les enfants qu'il a eus de son épouse Rhéa, à l'exception de Zeus, lequel finira par le détrôner et le reléguer dans les îles du Bienheureux, qu'on suppose être la Bretagne. Par la suite on le voit régner sur un âge d'or enfui, de façon très comparable à Brân (lui aussi « Bienheureux ») pendant le Divertissement de la Noble Tête. Tous deux dorment sous la surface de la terre et sont les gardiens d'une porte entre le monde humain et l'Autre Monde – la source de toute vie. Tous deux sont blessés, Brân à la cuisse, alors que Cronos est castré. Tous deux ont influencé le rôle dévolu au gardien du Graal dans les textes médiévaux.

Quel personnage plus approprié que Cronos, rebaptisé maintenant Brân, pour être le gardien d'un récipient qui peut ramener le mort à la vie, donner la sagesse à l'insensé et la nourriture au brave ? Ce sont là des archétypes qui laissent présager de la signification du Graal.

LA TÊTE SUR LE PLATEAU

L'attribution du terme « pen » (« tête ») à la fois à Brân et à Arawn peut nous orienter vers des histoires plus anciennes concernant des têtes d'oracle, fréquentes dans la mythologie celte, ce qui n'a rien d'étonnant chez un peuple qui traitait les têtes tranchées comme des objets de culte.

Il est une autre histoire au sujet d'une tête tranchée, qui influence la forme des mythes du Graal : celle de « Peredur », qu'on trouve également dans les *Mabinogion*. Même si l'on ignore la date et la provenance exactes de ce texte, il est clair que, s'il n'a pas été consigné par écrit avant le Moyen Âge, il contient des éléments venus d'une époque beaucoup plus reculée que les romans médiévaux, dont plusieurs suivent la structure de « Peredur ». Si cette histoire n'avait pas existé, celle de Chrétien de Troyes aurait été différente.

Élevé dans la solitude de la forêt par sa mère, Peredur grandit dans l'ignorance des armes. En voyant certains des chevaliers d'Arthur, il fait le vœu de les suivre jusqu'à la cour d'Arthur, où lui aussi souhaite devenir un guerrier. À la cour il défend l'honneur de la reine Gwenhwyfar (Guenièvre) et récupère sa coupe en or quand celle-ci est volée par un étrange chevalier. Après un séjour auprès d'un oncle, où il éprouve sa force avec une épée qui se brise et se ressoude miraculeusement, il rencontre un deuxième oncle, qu'on appelle le Roi blessé. Suivant les conseils de sa mère, il s'abstient de demander ce qui se passe lorsqu'une procession singulière entre dans la halle. Il aperçoit une épée sanguinolente et une tête flottant dans un plateau empli de sang mais se tient coi, attitude qui lui sera plus tard reprochée, car, s'il avait posé la question, le pays et le Roi blessé auraient tous deux été guéris. Dans les aventures qui suivent, Peredur tombe amoureux d'une très belle femme, apprend le maniement des armes auprès des Neuf Sorcières de Gloucester, tue un serpent et gagne l'anneau que gardait le reptile. Finalement, il rencontre la surnaturelle Femme du Tertre, qui lui donne un anneau conférant l'invisibilité, ce qui l'aidera à vaincre un troisième monstre.

Il finit par arriver au château des Merveilles, où le Graal est conservé. Là, il apprend que beaucoup de personnages étaient ses propres cousins, qui avaient adopté divers déguisements afin de le mettre à l'épreuve. La tête sur le plateau se révèle avoir appartenu à un autre cousin. Avec l'aide d'Arthur, Peredur vainc les Sorcières de Gloucester, qui étaient la cause de ces enchantements.

L'objet sacré est un plateau, et au lieu de contenir une nourriture spirituelle il contient la tête du cousin de Peredur, que ce dernier cherchera à venger. Si à un certain niveau cet élément transforme l'histoire en une quête vengeresse, l'obsession celte de la tête tranchée ne doit pas être minimisée. Dans l'histoire de Brân, la tête devient un objet de vénération, qui procure divertissement et sagesse à toute la compagnie, tout comme le Graal prendra une importance capitale pour la Table ronde.

Les objets ayant valeur de talisman abondent. En plus de la lance sanguinolente et de la tête sur le plateau, il y a l'anneau gardé par le serpent du tertre, l'anneau donné à Peredur par la Femme du Tertre, et un autre anneau qu'il prend à un personnage surnommé la Vierge de la Tente. Il y a aussi la coupe volée à Guenièvre et qui lui est restituée plus tard, un échiquier magique et une tête de licorne acquise par Peredur pour l'impératrice de Constantinople.

Cette liste peut être comparée à celle des « Treize Trésors de l'île de Bretagne », dont la tradition attribue la garde à Merlin, lequel conserve ces trésors sur une île qui n'est pas sans rappeler celle qu'on trouve dans « Le Butin d'Annwn » et « Branwen ». La signification de ces objets sera examinée plus tard. Pour le moment, une étude plus poussée de la nature de l'île qui apparaît dans la majorité des textes nous offrira une analogie supplémentaire avec le lieu de résidence du Graal.

LA PORTE INTERDITE

Dans « Branwen », sur l'île de Gwales, les oiseaux de Rhiannon chantaient pour la compagnie, et tant que personne n'ouvrait une porte interdite tout irait toujours bien. Les oiseaux de Rhiannon appartenaient à la déesse du même nom. Leur chant était si doux que ceux qui l'entendaient ne remarquaient plus le passage du temps ni ne ressentaient de chagrin ou de peur. Qu'il s'agisse de sirènes de l'Autre Monde, voilà qui n'est pas douteux, tout comme le fait que c'étaient eux plutôt que la tête de Brân qui gardaient la compagnie dans un état de vie en suspens.

Un texte du XIIIe siècle consacré au Graal et intitulé *Perlesvaus*[8], l'un des récits les plus mystiques sur le Graal, combine un certain nombre d'éléments présents dans « Branwen », « Le Butin d'Annwn » et la description de Caer Siddi dans le poème de Taliesin. Dans ce texte, ceux qui recherchent le Graal se rendent sur l'île des Anciens sans âge, où ils rencontrent deux hommes aux cheveux blancs assis près d'une fontaine, à l'ombre d'un arbre. En dépit de leurs cheveux blancs et de leur barbe, ces hommes semblent jeunes. Les héros entrent dans une halle splendide où ils voient *les tables les plus somptueuses qu'ils aient jamais vues, d'or et d'ivoire. Un des maîtres fit sonner un gong par trois fois, et dans la halle arrivèrent trente-trois hommes, tous de la même compagnie ; ils étaient de blanc vêtus... Tous semblaient âgés de trente-deux années*[8].

L'expulsion du paradis, *représentée dans cette gravure sur bois du XIX*e *siècle par Gustave Doré, évoque une grande partie du mystère du Graal.*

Alors que la compagnie s'attable, une couronne d'or suspendue à une chaîne descend des hauteurs, et un gouffre s'ouvre au centre de la halle, d'où montent des cris et des lamentations. Devant ce phénomène, la compagnie se met à sangloter.

Qu'est-ce donc qui projette une ombre sur ce royaume paradisiaque ? Dans *Perlesvaus* nous apprenons que cette halle merveilleuse est construite au-dessus du gouffre des âmes en perdition qui sont là pour nous rappeler l'état de l'humanité déchue. Dans « Branwen », tout va bien pour la compagnie jusqu'à ce que l'un de ses membres décide d'ouvrir la porte interdite. Le résultat est le même : le souvenir de chagrins passés vient assombrir l'existence idyllique sur l'île.

Les deux récits proviennent de – ou annoncent – l'idée chrétienne de la chute de l'homme. La connaissance qui vient de l'ouverture de la porte interdite, comme celle qui découle de l'ingestion du fruit de l'arbre du Bien et du Mal, est la même : chagrin et exclusion du paradis. L'histoire du Graal nous rappelle également ce que nous avons perdu, et nous offre un chemin pour retrouver cette plénitude qui vient en ne faisant qu'un avec la source de toute vie.

Une fois de plus, on constate la présence d'un récipient sacré – cratère, chaudron ou Graal – qui agit comme un pont entre l'ordinaire et le divin. On nous remémore qu'un tel lien peut apporter avec lui la nostalgie d'un état paradisiaque perdu.

L'ÎLE DES MERVEILLES

Un autre texte tardif rend le symbolisme de l'exil du paradis encore plus clair. *Sone de Nausay*[32] est une histoire du XIe siècle qui elle aussi contient des éléments significatifs d'une période antérieure. Les aventures du courageux chevalier Sone, qui se met au service du roi de Norvège, y sont relatées. La majeure partie de l'histoire n'a pas d'intérêt spécifique pour nous, mais un épisode est d'une importance vitale par les indices qu'il offre, à la fois sur l'identité de l'île mentionnée par Taliesin et par l'auteur de *Perlesvaus*, et sur sa place dans les mystères du Graal.

Afin d'être investi de la force nécessaire pour vaincre un guerrier gigantesque, Sone se rend sur l'île de Galosche, où il découvre un splendide château avec une tour à chacun de ses angles, et au centre une halle majestueuse. Curieusement, le château est habité par des moines et non par des soldats, et il recèle deux reliques merveilleuses : le corps non corrompu de Joseph d'Arimathie et le Graal lui-même. Ces objets sacrés sont montrés à Sone, et l'histoire du vaisseau lui est narrée. Après avoir triomphé dans ses aventures,

L'île de Bardsey, *au large des côtes du pays de Galles, est selon la tradition celle où Merlin cacha les treize trésors de Bretagne.*

Sone retourne sur l'île pour se marier, et on l'autorise à porter le Graal en procession avec la lance, un morceau de la vraie croix et une bougie que tenait à l'origine l'ange de l'Annonciation.

L'île de Galosche (Gwales/Wales/pays de Galles) est typique des descriptions ultérieures du château du Graal et de l'île tournante, ainsi que de la cité aux remparts carrés dépeinte dans le « Preiddeu Annwn ».

Entre eux, ces textes mêlent de nombreux éléments constitutifs du mythe émergent du Graal – l'île mystérieuse et le corps non corrompu d'un héros, Joseph ou Brân, ainsi que la présence de plusieurs objets sacrés. Les sept compagnons de Brân sont devenus douze, à la fois dans *Sone de Nausay* et dans *Perlesvaus,* où l'on trouve respectivement douze moines et douze Anciens sans âge. Mais l'influence du récit le plus ancien est perceptible dans les hommes sans âge du texte ultérieur, tandis qu'on trouve dans « Branwen » une analogie avec la tristesse de la Compagnie de la Noble Tête, les moines sanglotant dans *Sone* et les âmes en peine dans le gouffre, sur l'île des Anciens sans âge.

LES QUATRE OBJETS SACRÉS

Une peinture moderne des objets sacrés *de Miranda Gray montre le Graal accompagné de trois autres objets sacrés : une lance, un glaive et un échiquier magique.*

À peu près à cette époque, durant le XIe siècle, se produit un glissement majeur dans la description du récipient sacré. Jusque-là, on se réfère à un objet unique – chaudron, cratère ou coupe –, et soudain, comme nous l'avons vu dans l'histoire de Sone, il est associé à d'autres objets sacrés qui se partagent les caractéristiques du Graal.

Quatre anciens objets sacrés apparaissent dans la tradition celte. Ils sont antérieurs aux textes médiévaux de plusieurs centaines d'années, mais on discerne en eux les prototypes d'où seront issus les futurs objets sacrés. Ceux-ci sont énumérés dans un texte irlandais, *Lebor Gabala Erenn*, ou *Le Livre des invasions*. Ce texte, qui rassemble quantité d'éléments antérieurs, contient beaucoup de fragments de connaissance ésotérique. Le passage en question fait référence à la Tuatha dé Danaan, une tribu d'êtres pareils à des dieux dont on dit qu'ils sont venus de Grèce, ce qui ne manque pas d'intérêt. Le passage en question énumère quatre cités d'où ils sont venus et quatre objets ayant appartenu à ces cités :

Les quatre cités dans lesquelles ils demeuraient se nommaient Failias, Goiras, Findias et Murias. De Failias venait le Lia Fail, qui poussait un cri lorsqu'un véritable roi d'Irlande s'asseyait dessus. De Goiras venait la Lance de Lug ; quiconque la tenait remportait la bataille dans laquelle il combattait. De Findias venait le Glaive de Nuada ; une fois tiré de son fourreau, nul ne pouvait lui résister, et tous mouraient à son contact, à cause de son venin. De Murias venait le Chaudron de Dagdé ; aucune compagnie le possédant n'était insatisfaite. Il y avait quatre sages dans ces quatre cités : Morfessa à Failias, Esras à Goiras, Uscias à Findias, Semias à Murias. Ces quatre-là enseignaient le savoir et la sagesse à la Tuatha[33].

Un nouveau panorama d'objets sacrés se dévoile, chacun à sa place propre, chacun gardé par un être pétri de savoir et de sagesse. Non seulement il y a un autre chaudron, appartenant au grand dieu Dagdé, mais aussi la lance du héros Lug, le glaive de Nuada – autres êtres semblables aux dieux et issus de la mythologie irlandaise – et le Lia Fail, une pierre qui crie quand un véritable roi irlandais s'assied dessus.

Chacun de ces objets possède sa propre histoire, laquelle est trop vaste pour qu'on l'examine ici en détail. La lance est associée à l'air, l'épée au feu, le chaudron à l'eau et la pierre à la terre, ce qui constitue l'ensemble des quatre éléments. Entre eux ces objets peuvent donner et prendre la vie, offrir des quantités infinies de nourriture et distinguer un roi véritable d'un imposteur. De fait, ces objets regroupent les aspects essentiels du récipient sacré. Désormais, alors que les histoires liées au Graal commencent à adopter la forme qui nous est familière, le récipient lui-même est presque toujours accompagné des trois autres objets sacrés : un glaive, une lance et une pierre. Ces objets sont tout d'abord réunis dans la mythologie de l'ancienne Irlande.

Quand ces éléments sont rassemblés, une image surgit, celle d'une île sacrée, une sorte de paradis avec quatre tours ou châteaux, chacun situé à un coin de l'île. C'est là qu'on peut trouver les quatre objets sacrés. Tous ceux qui s'assoient pour manger à cet endroit sont nourris des mets qu'ils désirent le plus. De façon mystérieuse, ce lieu est le cœur du pays et de ses habitants, même s'il est souvent situé sur une île au large du pays proprement dit. Ici, les contraires se réconcilient et l'harmonie règne, comme toujours en présence du vaisseau sacré. À partir de là, tous ces aspects apparaissent dans l'histoire du Graal.

LES VIERGES DES PUITS

La littérature et la tradition celtiques exercent une influence puissante dans le développement des mythes attachés au Graal, à travers tout le Moyen Âge, et nombre des thèmes primordiaux voient leur origine dans ces débuts. Un dernier fil dans cette tapisserie mérite d'être étudié. Il s'agit d'un texte qui, bien que daté du XIIe siècle, trahit des origines antérieures dans la tradition orale. On y trouve le dernier vestige d'un thème immémorial, qui non seulement projette la notion de récipient sacré dans de nouveaux domaines mais aussi laisse présager les histoires ultérieures relatives au Graal.

Rédigé en vieux français sous le titre *Élucidation de l'hystoire du Graal*, il date de 1220-1225. Il se présente essentiellement comme une version annonçant le plus célèbre des poèmes du XIIe siècle, *Le Conte du Graal* écrit par Chrétien de Troyes, considéré comme la source première de tous les romans traitant du Graal. En fait, l'*Élucidation* n'élucide nullement le poème postérieur, pas plus qu'elle n'établit de lien avec lui. C'est une œuvre curieuse, parfois déroutante, qui parvient néanmoins à préserver une histoire du Graal bien plus ancienne que les versions qui lui succéderont. L'auteur, qui se fait appeler maître Blihis, raconte comment la riche contrée de Logres (la Bretagne) fut détruite :

> *Le royaume courait à sa perte : les terres étaient désolées et désertes, et valaient à peine deux noisettes. Car ils avaient perdu les voix des puits et les damoiselles qui vivaient en leur fond. Car elles [les damoiselles] rendaient ce service ; quiconque s'égarait en cette direction, que ce fût le soir ou le matin, plutôt que de s'écarter loin de sa route pour chercher eau et nourriture, devait trouver son chemin jusqu'aux puits, et là il recevait tout ce qu'il demandait. Car aussitôt une damoiselle surgissait du puits, aussi courtoise que dans ses souhaits, qui dans sa main tenait une coupe en or [...] et aussitôt il recevait le meilleur des accueils au puits*[21].

Cette coutume continua un certain temps, jusqu'au règne du roi Amangons, dont le devoir était de protéger les vierges, mais qui avait le cœur noir et lâche. Il viola une des jeunes filles et lui déroba la coupe d'or grâce à laquelle elle offrait eau et nourriture aux voyageurs, coupe qu'il conserva comme un trophée. À dater de ce jour, la jeune fille n'aida plus personne et les autres vierges des puits furent violentées par les chevaliers du roi, lesquels leur volèrent leur coupe en or, jusqu'à ce qu'il n'y ait plus ni coupe ni vierge pour aider les voyageurs de passage. Ce qui en résulta est très clair :

> *Le royaume était dans un tel état de dévastation que dès lors aucun arbre n'eut de feuilles. Les prairies et les fleurs se desséchèrent, les eaux s'amenuisèrent, et aucun homme ne fut plus en mesure de trouver la cour du Riche Pêcheur, qui avait coutume de créer dans le pays une splendeur étincelante d'or et d'argent, d'hermine, de riches manteaux, viandes et étoffes, gentils faucons et émerillons et tiercelets et éperviers et faucons pèlerins*[21].

Les puits sacrés, comme celui de St Gwynfaen sur l'Île sacrée, sont des lieux de grand pouvoir.

Durant la présence de cette cour, le pays demeura prospère, puis le royaume s'effondra, idée qui revient à la période du Divertissement de la Noble Tête et au dépérissement du pays après que le roi du Graal a été blessé. Ainsi perdure la situation jusqu'à l'époque d'Arthur, lorsque les chevaliers de la Table ronde entendent l'histoire des vierges, et décident aussitôt de découvrir pour eux-mêmes les puits et la cour du Riche Pêcheur. Ils s'enfoncent dans la forêt et y découvrent quelque chose de merveilleux : les descendants des vierges violées par Amangons et ses hommes vivent toujours là. L'un d'entre eux, un chevalier du nom de Blihos Blihiris (nom curieusement semblable à celui du prétendu auteur de l'œuvre) est un grand conteur qui narre toute la saga depuis son commencement jusqu'à sa conclusion. Les chevaliers d'Arthur, courroucés, jurent de retrouver les puits et la cour « d'où viendra la joie avec laquelle le pays retrouvera son éclat » :

Avec une grande intrépidité, ils recherchèrent la cour du Riche Pêcheur, dont le savoir en nécromancie était immense, et qui pouvait changer cent fois son apparence, avec une telle ruse que ceux qui le connaissaient sous un aspect ne pouvaient le reconnaître sous un autre. Gauvain trouva la cour à l'époque d'Arthur, comme il sera pleinement narré, ainsi que la joie qui en résulta[21].

LE DON DE SOUVERAINETÉ

Que doit-on penser de ces Vierges des Puits qui offrent l'hospitalité au voyageur, lui dispensent nourriture et boisson grâce à leurs coupes d'or ? Dans la tradition celte, on les identifierait à des prêtresses ou, plus probablement, à des femmes de l'Autre Monde. Dans la littérature celte et plus tard dans les textes arthuriens, les références abondent à de telles femmes-« fées », qui apparaissent et guident les mortels dans les royaumes intérieurs. Mais elles sont également les gardiennes d'une autre sorte de faveur. Dans l'histoire irlandaise de « Baile in Scail », le héros Conn est enlevé dans l'Autre Monde pour y recevoir une vision de sa destinée de roi :

Ils entrèrent dans une demeure en or et virent une fille assise sur un siège de cristal, coiffée d'une couronne d'or. Devant elle se trouvait une cuve aux coins en or. Un récipient d'or était posé à côté d'elle et devant elle il y avait une coupe d'or [...] la fille était la souveraine d'Irlande et elle donna à manger à Conn[16].

Lorsque la jeune fille sert de la bière à toute la compagnie, elle demande à qui elle doit donner la coupe de bière rouge – Dergflaith, le Breuvage rouge de la seigneurie – et on lui répond de l'offrir à Conn, signifiant ainsi qu'il sera roi.

Le récipient confère l'essence de la souveraineté, le don du pays sur lequel Conn régnera un jour. Le Graal revêt une essence plus spirituelle, mais la signification sous-jacente est la même, et les femmes qui proposent ces breuvages dans leurs coupes à l'étranger de passage ne sont qu'une déclinaison de la fille qui offre la souveraineté sur l'Irlande.

Dans le contexte de l'*Élucidation*, ces femmes sont réduites au statut de servantes mystérieuses, à la conduite inexplicable, dont le rôle s'est perdu dans l'histoire refaçonnée chrétiennement. On entrevoit pourtant leurs origines ; ainsi après le viol par Amangons de l'une d'elles, les autres continuent de servir, mais de manière invisible, et toutes ces femmes sont dites « sortir des puits », ce qui indique qu'elles n'habitent pas simplement dans quelque hutte proche de la source d'eau.

Plus important encore est leur lien avec le pays. Une fois la « coutume » brisée par Amangons et les chevaliers qui suivent son exemple, le pays devient un désert, asséché et stérile, où il n'y a pas de feuilles aux arbres et où les prairies sont desséchées. C'est là un indice essentiel de l'origine du Graal dans la tradition celte, et incidemment cela introduit l'un des thèmes constants dans les histoires du Graal à venir, celui du pays dévasté, la « terre gaste ».

LA TERRE GASTE ET LE ROI BLESSÉ

Dans l'histoire des Vierges des Puits, un lien réciproque entre l'Autre Monde et ce monde-ci est rompu ; fracture symbolique entre le quotidien et le sacré, toujours sensible aujourd'hui. Dans la tradition celte, une telle intimité existe entre le roi et le pays que lorsque l'un tombe malade l'autre en est affecté. En conséquence seul un roi en parfaite santé peut régner sur le pays ; s'il est estropié ou blessé – comme dans le cas du Nuada irlandais qui a perdu une main à la bataille et l'a remplacée par une main en argent –, un autre doit diriger le royaume. Ce thème court dans tous les textes arthuriens sur le Graal et est d'une importance cruciale. Nulle part il n'est aussi clairement exprimé que dans l'*Élucidation*, en dépit de détours complexes. Nous pouvons saisir le dernier écho d'un thème très ancien, dans lequel les puits sont gardés par des prêtresses dont la tâche consiste à conserver ouverts les chemins entre les mondes et à donner voix aux mystères les plus profonds, offrant à leurs fidèles la prophétie d'un vaisseau divin qu'ils devront rechercher.

Le calice celte de ***Derrynaflan****, du* IX*e siècle, fut à une époque, défini comme étant le Graal.*

En cette qualité, leur bien-être est sacré, et, lorsqu'elles sont souillées par Amangons et ses hommes, non seulement le pays est blessé, mais les voix se taisent; il n'y a plus de communication entre les deux mondes. On pourrait dire que ce monde ne s'est jamais remis de la coupure des liens antiques et qu'il souffre toujours, après la perte d'une harmonie plus profonde et plus ancienne avec le pays. La quête des chevaliers d'Arthur peut être comparée à notre propre quête moderne de la plénitude, ce qu'est en réalité la quête du Graal dans toutes les histoires. L'espoir qui l'accompagne – la joie de la cour – est certainement l'une des raisons de notre fascination pour le Graal.

L'HÉRITAGE DES CELTES

Malgré des emprunts nombreux à d'autres sources, l'*Élucidation* conserve des éléments qui précèdent la plupart des textes sur le Graal composés à l'époque. Elle jette un éclairage nouveau sur l'idée du Graal et des êtres mystérieux qui veillent sur lui. Ces éléments font partie de l'héritage celte qui a aidé à façonner le développement des mythes apparus dans les narrations médiévales. Pendant cette période, qui vit le développement de la culture et de la littérature celtes, entre 2000 avant J.-C. et 600 après J.-C., le Graal se trouva un nouveau lieu de résidence et un nouveau gardien, fut associé à d'autres objets sacrés et devint indissociable des thèmes de la Terre gaste et du Roi blessé. Pendant environ cinq cents ans encore, les mythes celtiques continuèrent de circuler, d'abord en Bretagne, plus tard en Europe continentale, transmis par les bardes errants et les conteurs qui avaient fui le pays après le départ des légions romaines. Enfin, les histoires revinrent à leur source, christianisées et refaçonnées comme des composantes de la saga arthurienne, mais avec les mêmes éléments toujours perceptibles sous ces ajouts.

LA COUPE DU CHRIST

Il n'est pas besoin de réinventer la tradition.

AUGUSTE RODIN, *Correspondance*

Ce qui s'est produit ensuite est capital. Depuis que nos premiers ancêtres ont foulé le sol de la planète, l'idée d'un vaisseau sacré est demeurée une constante de notre développement culturel et spirituel. Au commencement de l'ère chrétienne, cette idée est sur le point de trouver une nouvelle expression, qui va exercer une influence prépondérante. Ces idées vont pénétrer la tradition du Graal par le biais du christianisme, à travers une compréhension ésotérique des enseignements du Christ, qui provient de la spiritualité classique et moyen-orientale.

Pendant tout le Moyen Âge, le christianisme a véhiculé l'idée du Graal comme étant la seule voie, et l'a remodelée pour lui adapter un ensemble de sens et d'associations. L'image des chaudrons celtes qui donnent la vie et l'inspiration était beaucoup trop puissante pour être gommée, mais elle ne pouvait rester telle quelle dans un environnement païen inacceptable pour une Europe christianisée. En conséquence, à mesure que les légendes se développaient en des cycles toujours plus complexes, le calice en vint à remplacer le chaudron. Cette métamorphose entraîna une floraison extraordinaire d'écrits mystiques, lesquels approfondirent le passé celte et au-delà afin d'explorer les frontières extrêmes de la psyché chrétienne. Dans le mélange de ces courants, le Graal acquit de nouvelles définitions; son histoire changea, le vaisseau sacré se rapprocha de la spiritualité quotidienne alors que dans le même temps le calice devenait un objet de quête éternelle.

Cependant, il existe un paradoxe, à ce stade de la transmission de l'histoire du Graal, un peu comme si l'enregistrement avait sauté une phase. On passe du monde des chaudrons celtes à celui du Graal christianisé du Moyen Âge sans aucune transition, en omettant le phénomène qui en modifia la nature. En fait, il s'agit là d'une illusion. Au cœur des textes médiévaux apparaît constamment une écoute attentive de l'époque où Jésus arpenta la terre ainsi que des péripéties qui jalonnent son enseignement. Toutes les grandes lignes de cette période de l'histoire du Graal viennent donc non pas de l'époque du Christ, mais des spéculations et des interprétations des théologiens

La Mort d'Adam, *de Piero della Francesca. Lorsque Adam fut sur le point de mourir, son fils Seth se rendit aux portes de l'Éden à la recherche d'un remède miraculeux, préfiguration de la quête du Graal.*

médiévaux. Dans la plupart de leurs textes apparaît toutefois un savoir plus ancien, souvent couché sur le papier des centaines d'années après – phénomène qu'on retrouve également dans la littérature celte. Ces textes relativement récents recèlent un ensemble d'indices et de connotations concernant la période « manquante » de l'histoire du vaisseau sacré.

Ainsi, c'est à ce stade que nous rencontrons pour la première fois l'idée du Graal en tant qu'objet matériel qui peut exiger une quête physique. Jusqu'ici, il y avait certes eu des luttes pour s'approprier un récipient sacré, jadis propriété des dieux, mais c'était presque toujours l'affaire de héros à moitié divins et dont l'existence était très éloignée des préoccupations de l'être humain ordinaire. Une fois que le Graal fait partie intégrante du mystère chrétien, il devient possible pour tous de partir à sa recherche, de vouer son existence à sa quête, à l'instar des chevaliers d'Arthur.

LE VOYAGE DE SETH

Entre l'aube du christianisme et l'épanouissement du Moyen Âge, l'histoire du Graal trace différents chemins à travers le temps, incorporant ou ignorant certains événements historiques des différentes époques du monde « extérieur » tout en présentant un tableau détaillé de la façon dont les gens voyaient le monde « intérieur ». Les textes qui montrent comment le récipient sacré s'est inséré dans le christianisme remontent à la période durant laquelle le christianisme a créé sa propre mythologie, en offrant des histoires que les Évangiles passent sous silence, hélas pour nous. Il en est ainsi de la compilation de textes intitulée *La Légende dorée*[25], rassemblée au XIIIe siècle, qui remonte jusqu'à Adam. Cherchant un remède à la vieillesse et à la mort, Adam envoie son fils Seth dans le jardin d'Éden afin d'implorer la possession de l'Huile de Miséricorde qui lui redonnera jeunesse et vitalité. Se voyant refuser ce don par l'ange qui garde l'entrée de l'Éden, Seth revient avec à la place des graines de l'arbre de Vie qu'il enterre avec son père. De ces graines jaillit un arbre qui finira par fournir le bois dont sera faite la croix sur laquelle Jésus sera supplicié. Sur le plan symbolique, l'arbre forme un pont dans le temps et établit une convention entre Dieu et l'humanité.

Galahad, Perceval et Bors *voyagent vers la cité de Sarras à bord du vaisseau de Salomon, dans cette enluminure de Tristan de Leonis (1463).*

Selon une autre version de cette même histoire, Seth rapporte le Graal de l'Éden, et par là même la promesse de la venue du Messie, qui célébrera la première Eucharistie avec cette coupe et établira un lien éternel entre le paradis et la Terre. Cette idée est reprise dans un texte plus récent et plus mystique, la *Queste del Saint Graal*[36]. Dans cette œuvre du XIIIe siècle, les chevaliers naviguent à bord d'un vaisseau façonné dans le bois issu du même arbre du jardin d'Éden. Une fois encore, cette narration établit un pont entre les temps bibliques et l'aube du christianisme. Ce navire est censé avoir été construit par le roi Salomon en personne, qui aurait reçu une vision du Graal et aurait créé ce vaisseau qu'il aurait envoyé à l'époque de la quête médiévale.

Une autre thèse, amplifiée dans les écrits du grand auteur arthurien Wolfram von Eschenbach, décrit le Graal sous la forme d'un joyau de la couronne de Lucifer, l'Ange de Lumière qui, ayant chuté, personnifie le mal après avoir mené la rébellion contre les hiérarchies du paradis. Ultérieurement, nous explorerons ce thème plus en détail. À ce stade, contentons-nous de remarquer une fois encore l'idée que, si le Graal vient sur Terre, c'est depuis une source céleste.

De telles versions fonctionnent sur un mode rétrospectif et illustrent le désir des auteurs d'incorporer les merveilles du passé dans leur propre époque. Pour autant il ne faudrait pas mépriser ces légendes car elles reflètent la façon dont l'histoire du Graal se régénère à chaque époque. Dans la nôtre, notre quête du vaisseau miraculeux est motivée par la même aspiration ardente vers le passé et un lien reconstitué avec la source de toute vie.

L'IMPULSION GNOSTIQUE

Nombre de thèmes inclus dans l'histoire du Graal dérivent d'une source qui remonte à l'Antiquité et qui devait influencer la théologie médiévale. C'est la tradition appelée gnose (du grec *gnôsis*, « connaissance »). Dans la croyance gnostique on retrouve des éléments perses, égyptiens, helléniques, platoniciens, chrétiens et juifs mélangés dans la culture méditerranéenne qui s'est épanouie dans la ville d'Alexandrie presque depuis sa fondation, au IVe siècle avant J.-C.

Les textes gnostiques originaux disponibles étaient si fragmentaires qu'il fallut attendre la découverte et l'étude des manuscrits de Nag Hammadi, en 1945, et du Qumrân, en 1947[46], pour en établir enfin une vision cohérente et globale. Les gnostiques s'estimaient détenteurs d'une sagesse intérieure et gardiens de traditions héritées des mystères du monde antique. Ils pensaient que chaque membre de l'espèce humaine contient une étincelle divine piégée dans la matière. Le Dieu véritable était inconnu et caché, bien que Lui seul fût l'origine de la lumière; la création était l'œuvre d'un faux dieu, le Démiurge. Chaque gnostique vivait dans l'espoir de rejoindre le Dieu véritable dans le *pleroma* (paradis). Ils pensaient ce voyage possible mais estimaient celui du retour plein de difficultés à cause de l'étincelle divine de chaque individu qui vivait en négligeant la chair. Il était nécessaire de combattre le roi du monde (le Démiurge) par tous les moyens. Il pouvait être renié par le biais de l'ascétisme, qui refusait de reconnaître la création, ou par la licence, laquelle faisait fi le l'ordre établi. Certaines sectes gnostiques allaient si loin dans leurs pratiques qu'elles méritaient la censure. Cependant, toutes ces sectes ne recouraient pas à l'une ou l'autre de ces méthodes.

Les gnostiques étaient obsédés par ces questions : Pourquoi suis-je né ? Quelle est ma raison d'être ? Quelle est l'origine du mal ? Ces interrogations philosophiques préfigurent les recherches scientifiques qui ont modelé la Renaissance et créé un nouveau fossé entre les croyants et ceux qui cherchent la vérité.

LA QUÊTE DE LA PERLE

La descente de l'âme dans la chair et son éventuel retour dans le *pleroma* sont décrits dans une extraordinaire fable gnostique, « La Chanson de la perle », qu'on trouve dans l'Évangile de Thomas, texte apocryphe datant probablement du IIe siècle de l'ère chrétienne. Un prince (le messie) se rend depuis son foyer vers l'Orient, en Égypte (la Terre) pour « rapporter la seule perle qui s'y trouve [...] entourée par le serpent dévoreur ». Afin d'y parvenir, le prince revêt les habits de l'Égypte (la chair) en échange de sa propre tenue de gloire (la nature divine). Aussitôt, il oublie qui il est, d'où il vient et le but de sa quête. Cependant, un aigle lui remet un manuscrit secret, lequel lui offre l'éveil et le souvenir qu'il est fils de roi.

Il emporte la perle (l'étincelle divine), se défait de ses hardes crasseuses (la chair) et retourne en Orient, guidé par le manuscrit secret (la gnose cachée). Les joyaux et les vêtements qu'il avait abandonnés à divers stades de son périple lui sont restitués. « Mais soudain, je vis le vêtement que je portais comme s'il était un miroir [...] et je sus qui j'étais, et je me vis à travers lui. » Il se remémore la vérité concernant sa quête et est conduit devant « l'éclat du Père », habillé tel un prince de sang royal.

Les parallèles entre cette histoire et la quête du Graal sont identifiables. Le néophyte traverse une série d'aventures afin d'atteindre un but spirituel qui lui permettra de se transformer. La perle contient l'étincelle de vie divine comme jadis le Cratère contenait l'essence de la création et renferme maintenant une clef pour se rapprocher de la divinité. Ces croyances se sont incorporées à l'histoire du Graal et sont probablement à l'origine de l'idée que les cathares, membres d'une secte médiévale qui se fondait sur des idées gnostiques, étaient les héritiers de la sagesse du Graal, sinon du Graal lui-même.

UNE NOUVELLE ORIENTATION

Le mélange de ces croyances signifie qu'à la fin du XIIe siècle tous les éléments étaient réunis pour une nouvelle révélation du Graal. Le Moyen Âge avait connu son premier épanouissement, l'émergence d'idées nouvelles dans des esprits enfin libérés du seul effort de survie. Les arts, l'architecture et la littérature en étaient à leur printemps ; la cathédrale de Chartres était toujours en construction, et des réseaux complexes de théologie et de mysticisme voyaient le jour au monastère comme à l'université. Les relations de l'humanité avec la création et Dieu figuraient parmi les questions les plus importantes, ce qui rend logique la naissance d'une nouvelle image du vaisseau sacré.

En dépit ou peut-être à cause du fait que l'alphabétisation était alors un luxe réservé surtout au clergé, la mémoire était plus développée qu'aujourd'hui. L'oreille et non l'œil représentait la porte de l'imagination ; lorsqu'un conteur commençait à parler, il ne manquait jamais d'un auditoire pour écouter ses histoires où des héros tuaient des monstres et terrassaient des ennemis implacables afin de sauver et d'épouser des jeunes filles. Le Graal devint un thème central de la littérature médiévale, assurant ainsi la continuité des liens avec des sources anciennes, et, dans bien des cas, pérennisant les « nouvelles » histoires concernant le Graal.

La cathédrale de Chartres illustre la rencontre avec le sacré dans le symbolisme très recherché de sa composition.

Il existait également une symbolique plus marquée qu'à toute autre époque antérieure ou postérieure. Les ouvriers étaient reconnus par leurs outils, les religieux par leur habit, les nobles par leur riche tenue, les chevaliers par leur monture et leurs armes. Les actes du prêtre à l'autel étaient toutefois mystérieux, emblématiques de sa médiation entre le ciel et la terre.

De tels facteurs accrurent l'intérêt pour le Graal, de même que l'état politique de l'Europe. Avant la diffusion du christianisme, l'Occident avait été déchiré par les guerres et les révoltes, coupé de ses racines par les envahisseurs barbares qui avaient

L'idée que les reliques du Christ sur terre seraient toujours à Jérusalem encouragea les efforts pour arracher la cité sainte à la domination musulmane.

fini par s'y installer. L'Europe demeurait un ensemble complexe de petits royaumes, chacun luttant pour affirmer sa suprématie sur ses voisins.

Cependant, chaque royaume, aussi restreint fût-il, possédait sa propre capitale. L'archétype de ces capitales était Jérusalem, la cité du Roi divin; sur le plan mythique, c'était Camelot, la forteresse du roi Arthur. De fait, le rôle du roi au sein de la société européenne de l'époque était prépondérant; la royauté découlait d'une source divine, comme elle émanait d'une déesse dans les temps celtes, et les rois étaient oints de la même manière que les prêtres, ce qui soulignait la nature sacrée de leur charge.

À mesure que l'influence de l'Église se répandait en Europe, son expression se faisait plus exotérique. Néanmoins, le message contenu dans les enseignements du Christ réussit à survivre. Des individus isolés maintinrent un fonds de sagesse mystique et ésotérique. Les mystiques et les fous solitaires étaient ignorés, loués comme des membres exemplaires de l'Église ou, lorsque leur doctrine attirait une attention jugée excessive, sommairement accusés d'hérésie.

Il est significatif qu'on ne trouve nulle part des « saints du Graal », et aucun interprète officiellement approuvé de ce qu'on pourrait appeler une « école » du mysticisme du Graal à cette époque, de même qu'il n'existe pas de reconnaissance spécifique ou de négation du Graal lui-même. On constate seulement un silence assourdissant, qui en ces temps de chasse aux reliques nous révèle à quel point le courant du Graal se répandait profondément dans les mentalités.

LE NOUVEAU CORPUS

Les légendes arthuriennes deviennent donc le principal véhicule du mythe du Graal pendant le Moyen Âge. La quasi-totalité du corpus consacré au Graal a été produite entre 1170 et 1225, avec un début soudain et une fin presque aussi brutale. Nous ne pouvons que deviner l'ampleur de la tradition orale derrière la composition de ces légendes. Le canon arthurien a été établi bien avant le XIIe siècle, de racines issues de sources celtes. Des conteurs comme les trouvères – des poètes itinérants capables de franchir toutes les frontières, physiques aussi bien que religieuses – effectuèrent la fusion des génies païen et chrétien avec les hauts faits de la chevalerie et la culture populaire, créant un monde archétypal qui vivait dans l'imagination de toutes sortes de peuples.

Deux des auteurs responsables de l'établissement du nouveau canon du Graal sont Chrétien de Troyes et Robert de Borron. Chrétien de Troyes était déjà célèbre dans toute l'Europe pour ses poèmes arthuriens, dans lesquels il introduisit des personnages d'origine celte comme Lancelot, Gauvain et Geraint dans une société courtoise normando-franque avide de ce genre d'histoires. La littérature arthurienne, ou le « sujet de la Bretagne », comme on disait alors, devint à la mode et généra d'innombrables histoires. Sa dernière œuvre, laissée inachevée à sa mort, vers 1183, est *Le Conte du Graal*. Elle suit les lignes principales de l'histoire galloise de Peredur évoquée dans le chapitre précédent, mais l'auteur y invente sa propre magie. Dans sa version, le jeune homme innocent a pour nom Perceval. Il connaît maintes aventures, similaires à celles traversées par Peredur sur le fond, mais différentes par le ton et les détails. La plus étrange d'entre elles est celle attachée au Graal.

***Les trouvères** diffusèrent l'histoire du Graal dans toute l'Europe.*

Se retrouvant dans le château de son oncle le Roi pêcheur, Perceval est témoin d'une mystérieuse procession où un récipient appelé le Graal est porté à travers la salle et est utilisé pour guérir un homme blessé. Par politesse ou ignorance, Perceval ne demande pas la signification de ces faits, et il se retrouve condamné à errer dans la Terre gaste. Une damoiselle d'aspect hideux se moque de son échec et lui affirme que, s'il avait posé les questions requises, le pays comme le roi auraient été guéris. En conséquence, le jeune insensé doit souffrir quelque temps dans ces contrées désolées avant de retrouver son chemin jusqu'au château. Mais le dénouement n'a jamais été exposé, puisque le poème s'interrompt avant que le mystère du Graal n'y soit expliqué.

Ici il n'y a pas de tête sur un plateau, aucun mélange de trésors singuliers, pas de sorcière ni de dragon, mais un récipient mystérieux capable de guérir ou d'accorder un surplus de vie. Ce n'est pas exactement une redite de la version du vaisseau sacré des temps celtes et préceltes, mais cette histoire s'en rapproche assez pour suggérer que Chrétien de Troyes a entendu certaines histoires, soit relatives à Peredur, soit d'une teneur qui ne nous est pas parvenue.

LE VOYAGE DE JOSEPH

L'énigme narrée par Chrétien de Troyes a touché l'imagination du monde occidental en exprimant des idées et des sentiments déjà latents dans la conscience de tous. Elle a ouvert la voie à une dimension qui s'ajoute à l'idée d'un vaisseau sacré et de fidèles suivant sa trace. Un chevalier suisse (ou bourguignon, peut-être) du nom de Robert de Borron, qui vivait au début du XIIe siècle et avait déjà travaillé sur un texte évoquant le Graal avant l'apparition de l'œuvre de Chrétien de Troyes, fit revenir

Cette illustration *du XIVe siècle de Tristan de Leonois montre le Graal porté par Joseph d'Arimathie et ses fidèles dans le château édifié pour l'abriter.*

l'histoire à l'époque du Christ. Son *Joseph d'Arimathie* mérite qu'on le résume ici, car plus que tout autre texte il est responsable d'une modification cruciale dans l'histoire du Graal.

Robert relate tout d'abord la Cène, la trahison de Judas et la crucifixion. Puis, empruntant largement à un texte apocryphe intitulé *Actes de Pilate*[26], qui date sans doute du IIe siècle de l'ère chrétienne, il y ajoute l'histoire de Joseph d'Arimathie, qui récupère le corps du Christ et la coupe ayant servi à célébrer la première Eucharistie. Alors qu'il prépare le corps du Christ pour son enterrement, un peu de sang coule des blessures, et Joseph le recueille dans la coupe. Après la Résurrection, Joseph est jeté en prison, où le Christ ressuscité lui rend visite et lui donne la coupe (auparavant dissimulée au domicile de Joseph) et l'instruit du mystère des sacrements : le pain et le vin sont le corps, la tombe est l'autel, la pierre tombale est le plateau, la tombe habille le corporel, et le récipient dans lequel a été recueilli le sang devra désormais être appelé un calice. Tous ceux qui le verront seront des compagnons du Christ, les désirs chers à leur cœur seront exaucés, et ils connaîtront la joie éternelle. Joseph reste en prison, miraculeusement gardé en vie par une colombe qui chaque jour dépose une hostie bénite dans le Graal. Des années plus tard, stupéfait à juste titre de découvrir le vieil homme toujours vivant, l'empereur Vespasien le fait libérer. Vespasien avait été miraculeusement guéri de la lèpre par le voile de Véronique, et s'était converti au christianisme.

Joseph rassemble alors autour de lui de nombreux proches, dont sa sœur Erygius et le mari de celle-ci, Bron (un nom qui rappelle le dieu celte Brân), et avec leurs fidèles ils partent pour des contrées lointaines. Tout se passe bien pendant un temps, mais à un endroit où ils font halte la famille de leur hôte meurt de faim. Joseph s'agenouille devant le Graal et reçoit pour instruction de fabriquer une table en souvenir de celle qui a servi à la Cène, et d'envoyer son beau-frère Bron attraper un poisson. Le poisson sera placé sur la table, en face du Graal, qui devra être recouvert. Joseph s'assiéra à la place du Christ, Bron à sa droite, et à côté de lui une place restera vide, pour symboliser le siège occupé par Judas.

Les gens viennent et se nourrissent du poisson. Certains s'attablent et profitent de la nourriture abondante et de maintes douceurs, mais l'un des convives tente d'occuper le siège laissé vacant, et il est englouti. Une voix mystérieuse dit à Joseph qu'une seule personne sera capable de s'asseoir là sans risque : un petit-neveu de Joseph, le petit-fils de Bron et d'Erygius. Le couple a douze enfants, dont onze se marient, mais Alain reste célibataire ; c'est pourtant de lui que viendra un jour le descendant qui remplira les conditions imposées par le Graal. En attendant, Alain doit prendre en charge ses frères et sœurs et voyager vers l'ouest. Petrus, un autre des fidèles de Joseph, se verra apporter une lettre par un ange, qui lui dira d'aller où il le désire. Il restera dans la vallée d'Avalon jusqu'à l'arrivée de celui qui aura mérité le Graal, à qui il devra enseigner les mystères des sacrements.

Tout se déroule comme la voix l'a prédit, tandis qu'un autre ange raconte que Bron devra désormais être appelé le Riche Pêcheur car il a nourri tout le monde avec un seul poisson. Il doit aller à l'ouest avec Petrus et attendre la venue de son petit-fils, Perceval, à qui il confiera le vaisseau sacré. À cette occasion, le sens de la Trinité sera révélé à tous. Le lendemain, Bron reçoit le récipient et est initié aux paroles secrètes que Joseph a reçues du Christ lui-même quand il était en prison.

LA VISION DE ROBERT DE BORRON

Tels sont les traits essentiels du récit. Sans doute assemblée à partir de plusieurs sources disparates, l'histoire est parfois confuse, voire incompréhensible. Néanmoins, elle introduit nombre de thèmes centraux : l'idée de la famille de gardiens, qui remonte probablement aux temps celtes, la présence du Roi Pêcheur, et le principe central du Graal comme étant la coupe dont le Christ se serait servi lors de la Cène et pour célébrer la première Eucharistie. On y trouve la première mention d'« enseignements secrets » transmis par le Christ à Joseph, qui représentent les mystères internes du Graal. Il en découle qu'il y a là plus que l'explication pure et simple de la signification du tombeau, de la pierre, du plateau et de l'étoffe. Ces éléments n'étaient pas secrets, puisque les théologiens du Moyen Âge en discutaient ouvertement.

Le récit contient d'autres confusions, comme l'apparent dédoublement du personnage de Bron (parfois appelé Hébron) et de Petrus, qui manifestement doit rappeler saint Pierre, la pierre sur laquelle l'Église chrétienne est bâtie. On notera aussi les références à la vallée d'Avalon vers laquelle Bron et Petrus, mais apparemment pas Joseph, sont guidés par des voix angéliques. Les traditions ultérieures, qui voient Joseph arriver à Avalon (ou Glastonbury), semblent puiser dans une autre source, ou peut-être découler d'une mauvaise interprétation de ce texte important, quoique confus.

LES GRANDES LÉGENDES

D'autres écrits, en particulier le poète allemand Wolfram von Eschenbach, dont le *Parzifal*[48] introduit des éléments orientaux qui seront examinés dans le chapitre suivant, et une vaste compilation anonyme des romans arthuriens du Graal, intitulée le cycle de la Vulgate[30], développent le décor arthurien et la dimension mystique chrétienne jusqu'à lier définitivement ces thèmes séparés à l'origine.

Les dangers inhérents à la création de tels mythes rivaux apparurent très vite à l'Église, qui pendant une courte période tenta d'exclure les narrateurs de la communion, sous le prétexte qu'ils étaient des agents du Malin. Finalement, l'Église elle-même reprit le rôle de narrateur en compilant des textes qui soulignaient les origines chrétiennes du Graal. Dans ces écrits elle s'efforça de supprimer toute allusion païenne découverte dans les versions antérieures. Ainsi, dans le poème de Chrétien de Troyes, jamais le Graal n'est qualifié de saint, et jamais il n'est établi de lien entre lui et la coupe de l'Eucharistie; mais, dans presque toutes les versions ultérieures contrôlées par les moines, la coupe est redéfinie dans ces termes.

__L'abbaye de Glastonbury__, dans le Somerset, en Angleterre, est associée aux mythes du Graal depuis le Moyen Âge.

Ceux-ci ont d'abord introduit le personnage de Galahad, le roi sans péché destiné depuis la naissance à triompher dans la quête du Graal. Il était le fils de Lancelot – le plus grand de tous les chevaliers arthuriens, dont la faiblesse fatale fut son amour pour la reine, épouse d'Arthur – et son personnage combinait les mondes spirituel et temporel. Les auteurs anonymes ou les compilateurs du cycle de la Vulgate, dans leurs efforts pour christianiser le paganisme des textes antérieurs, font de Lancelot la victime d'une illusion : il se croit étendu auprès de Guenièvre alors qu'en réalité la femme qui partage sa couche est la princesse du Graal. Cette invention, qui confirme le saint Galahad dans son désir humain, a été décrite comme « un des plus grands moments d'imagination jamais autorisés à l'homme[55] ».

TÉMOIGNAGES EN AVALON

Dans une autre tentative pour imbriquer des histoires païennes dans les textes du Graal chrétien, l'auteur (ou le compilateur) du texte *Perlesvaus*, au XIIIe siècle, ajoute un peu plus de véracité :

> *Le texte latin dont cette histoire est tirée en langue commune vient de l'île d'Avalon, d'une demeure hautement religieuse qui se tient au sommet des terres aventureuses. Là reposent le roi Arthur et sa reine, selon le témoignage des hommes de foi respectables qui vivent là et qui détiennent l'intégralité de l'histoire, véritable du début à la fin*[8].

La « demeure hautement religieuse » mentionnée ici est censée être Glastonbury, où les reliques supposées d'Arthur et Guenièvre ont été découvertes en 1184. Quant aux « hommes de foi respectables » qui vivaient là, il s'agit des bénédictins de l'abbaye de Glastonbury – même si on peut douter qu'ils aient effectivement détenu l'« intégralité de l'histoire véritable ».

Plus intéressant est le fait que l'île d'Avalon, nom désignant l'Autre Monde des Celtes et la demeure « hautement religieuse », se situe « au sommet des terres aventureuses ». Il semble que même les chroniqueurs religieux aient reconnu que le monde archétypal du Graal et des héros arthuriens était situé en un lieu isolé de la vie quotidienne, accessible non seulement par la légende, mais aussi physiquement.

UNE TRADITION EN PLEINE EXPANSION

L'avalanche de textes étoffant l'histoire du Graal se poursuivit sans ralentir. *Le Conte du Graal* de Chrétien de Troyes engendra bientôt quatre suites, chacune issue d'une plume différente, qui ajoutaient des milliers de lignes au poème original. Les grandes orientations de trois de ces légendes révèlent comment le mystère exposé par Chrétien de Troyes a suscité une réponse brillante dans l'esprit des narrateurs médiévaux, qui ont entremêlé des thèmes nouveaux à la structure des mythes.

La première suite au *Conte du Graal*, attribuée à Gautier de Danaans, reprend l'histoire au point où Chrétien l'a laissée, en suivant les aventures ultérieures de Gauvain et en le menant enfin au mystérieux château où Perceval a vu le Graal. En chemin, Gauvain fait halte pour prier dans une chapelle, et là il voit la lumière baignant l'autel étouffée par une main noire. Dans le château du Graal, il aperçoit une salle où gît le corps d'un chevalier tenant une croix et une épée brisée. Le même soir, alors qu'il est attablé avec le Roi Pêcheur et sa cour, il est témoin de la procession du Graal, et on lui présente l'épée brisée qu'on lui demande de réparer. Gauvain échoue dans cette mission et on le déclare inapte à accomplir le mystère du Graal. Cependant, il se renseigne au sujet de la lance, de l'épée et du linceul où repose le Roi blessé. Il n'entend la réponse qu'au sujet du premier de ces objets, car ensuite il s'assoupit, ayant appris que la lance est celle qui a percé le flanc du Christ lors de la crucifixion. À son réveil, Gauvain se retrouve sur une plage, et le paysage autour de lui, qui jusqu'ici était désolé, est en pleine renaissance grâce à la question qu'il a posée sur la lance. S'il avait interrogé ses hôtes sur le Graal, tout serait allé encore mieux.

L'histoire revient maintenant à Perceval, qui combat une apparition effroyable appelée le chevalier de la Tombe, et qu'il vainc. Puis il rencontre une damoiselle et l'interroge sur une grande lumière qu'il a aperçue au loin, dans la forêt. Mais la damoiselle disparaît sans lui avoir répondu, pour réapparaître le lendemain et lui annoncer que la lumière provient du Graal, qui a été offert au monde alors que le Christ était sur la croix. Perceval demande plus de détails, mais il lui est répondu que seul un saint homme a licence d'aborder d'un tel sujet. Peu après, un bel enfant assis dans un arbre lui indique la direction à suivre.

Cet épisode constitue le prélude à d'autres aventures durant lesquelles il voit un arbre éclairé par de nombreuses lumières, mais, quand il s'approche, il découvre une chapelle. Il s'y abrite lorsqu'une terrible tempête éclate. Sur l'autel gît le corps d'un chevalier mort. Une grande lumière brille soudain et est éteinte par une main noire, qui surgit de nulle part. Perceval est effrayé, mais au matin il rencontre de nouveau la damoiselle qui lui a parlé du Graal. Elle l'informe maintenant que l'enfant aperçu dans l'arbre, la chapelle mystérieuse et la main ont tous un lien avec les mystères du Graal. Après d'autres aventures, Perceval retrouve le chemin du château du Roi Pêcheur et à nouveau il assiste à la procession. Cette fois, il interroge ses hôtes sur les trois objets, mais avant de lui répondre on lui enjoint de réparer l'épée brisée. Il réussit à la troisième tentative, mais l'histoire s'interrompt avant que nous puissions en apprendre plus.

LA RÉVÉLATION DE LA LÉGENDE

La deuxième suite est attribuée à Menassier, qui d'après certains aurait été juif d'origine. Il décrit une nouvelle fois la procession du Graal, après quoi le Roi Pêcheur dit à Perceval que la lance a appartenu au centurion Longinus, le Romain qui a percé le flanc du Christ sur la croix. Le récipient est celui-là même utilisé par Joseph d'Arimathie pour récolter le sang coulant des blessures du Christ. Il évoque ensuite l'histoire de Joseph et explique comment il a rapporté la lance et la coupe en Bretagne, où il a rencontré un roi nommé Evelach et l'a aidé à vaincre son ennemi, qui n'était autre que le seigneur souverain d'Égypte, Ptolémée !

Perceval apprend que l'arbre aux lumières dans la forêt est un arbre enchanté, dont les lumières le tromperaient s'il les laissait agir, mais qu'il est destiné à accomplir la quête du Graal. Il apprend également que l'épée brisée est la même arme qui a infligé sa blessure au Roi Pêcheur, et qu'elle ne sera reforgée que lorsque le chevalier malfaisant responsable du meurtre du frère du roi sera amené devant la justice et sa tête exposée sur la plus haute tour du château du Graal.

Un reliquaire du ***XI**e **siècle.*** *De tels objets étaient traités comme le Graal, en tant que références physiques au royaume de l'esprit.*

Perceval repart et, après un combat épique, triomphe du démon de la Main noire dans la Chapelle périlleuse; il se fraye un chemin jusqu'à l'autel, sur lequel se trouve une coupe d'or recouverte d'un voile. Utilisant le voile trempé dans l'eau bénite pour nettoyer la chapelle, Perceval triomphe quand il voit l'autel baigné de nouveau dans la mystérieuse lumière. Il poursuit en vengeant le frère assassiné du roi, et le moment venu il succède au roi à la tête du royaume du Graal. Il règne sept années durant, puis rencontre un ermite qui l'emmène dans la forêt en prenant la coupe, la lance et le plateau avec lui. Il vit seul pendant dix ans, et à sa mort on croit que ses reliques sacrées vont au ciel, car nul homme n'a osé prétendre qu'il les avait vues.

LE GLAIVE BRISÉ

On peut considérer que Menassier a fait œuvre utile en reliant les faits et situations laissés inachevés par Chrétien de Troyes et Gautier de Danaans, mais il reste une suite, de la plume d'un certain Gerbert, laquelle prend la forme d'un épilogue. Dans ce texte, Perceval se voit attribuer une épouse – Blancheflor, la damoiselle de la tente cramoisie à qui il a volé un anneau et un baiser au commencement de sa carrière – et un fils. Ce fils a pour nom Lohengrin, le chevalier au Cygne, qui fonde une dynastie de chevaliers du Graal dont parlent d'autres histoires. De plus, il décrit les tentatives de Perceval pour reforger le glaive brisé. Il l'emporte dans une forge gardée par des serpents jumeaux étendus sur un glaive dont la confection a pris un an et qui ne peut être réparé qu'au même endroit. Perceval massacre les serpents, et le forgeron répare la lame brisée qu'il avait forgée longtemps auparavant et brisée aux portes du paradis. C'est un exemple évident du forgeron de l'Autre Monde qui fabrique les armes des dieux de la mythologie celte. Quelques détails supplémentaires sont donnés sur les voyages de Joseph d'Arimathie : ainsi en est-il pour la création de la Première Table du Graal, dont le païen Evelach est tenu à l'écart par un ange brandissant une épée flamboyante.

Lohengrin, le fils de Perceval, succéda à son père au royaume du Graal.

Ensuite, d'autres auteurs n'ont pas tardé à explorer le moindre aspect du mythe du Graal. Robert de Borron a rédigé deux autres œuvres, un *Merlin* et un *Perceval* qui s'ajoutent à son *Joseph*[9]. Des versions commencent à apparaître dans toute l'Europe, aspirées dans le tourbillon de la littérature arthurienne. Des descriptions du Graal et de la mystérieuse procession, certaines fondées sur la version de Chrétien de Troyes, d'autres plus ou moins originales, apparaissent en Allemagne, en Italie et en Espagne. Le cycle de la Vulgate rassemble un mélange d'œuvres et leur confère un cachet définitivement chrétien.

NOUVEAUX NOMS, NOUVEAUX VISAGES

Dans ce maelström de création littéraire apparaissent de nombreux personnages, la plupart empruntés aux cycles arthuriens antérieurs, et dont certains sont significatifs. On ne saurait trop souligner l'effet du Graal sur la tradition arthurienne. Non seulement il a écarté les thèmes de la royauté et du gardien qui dominaient dans les histoires celtes, mais il a également modifié certains caractères essentiels. Ainsi Gauvain et Lancelot, deux des grandes figures du cycle, subissent une profonde métamorphose afin de s'incorporer à la narration christianisée de l'ère arthurienne. Dans certains cas, ces changements ont affecté jusqu'au registre des héros, les rendant plus humains. Une brève étude des personnages principaux qui quittent la cour d'Arthur pour partir en quête du Graal démontrera ce phénomène.

Gauvain, qui par bien des aspects est la personnalité la plus attachante de tout le cycle arthurien, n'a pas réussi. Impétueux, impulsif et charmeur, il est la proie d'une attirance fatale pour les femmes, ce qui lui cause sans cesse des ennuis. Dans les textes tardifs du Graal, son personnage subit une modification jusqu'à être à peine meilleur qu'un noble sauvage, mais il fut jadis une des figures les plus populaires au sein des chevaliers de la Table ronde, célèbre pour son attitude chevaleresque et sa maîtrise des armes, son courage et sa droiture envers tous. Derrière cette image se cache une histoire plus ancienne, celle où Gauvain est le serviteur de la déesse – mais les auteurs médiévaux ne voulaient pas utiliser cet aspect et ils en ont fait, à l'inverse, un coureur de jupons. Dans le poème anglais *Sire Gauvain et le Chevalier vert*, c'est un héros splendide, quoique imparfait – splendidement humain, donc, et ces qualités concourent à lui donner une image sympathique. Il est plus que probable qu'à l'origine il était lui-même un de ceux qui atteignent le Graal, et si dans un unique texte, le *Diu Crone* de Heinrich von Dem Tulin[24], il est précisément cela, dans les autres il échoue toujours au dernier moment. Il est le premier à se vouer à la quête du Graal, et le dernier à renoncer.

Lancelot, qui a supplanté Gauvain dans les textes ultérieurs en qualité de meilleur chevalier du monde, appartient à la famille de Joseph d'Arimathie. À l'origine, il devait accomplir la quête du Graal lui-même, et pour cette raison il a été surnommé Galahad. Ce qui a changé quand il a été confié aux bons soins de la Dame du Lac, une gardienne de l'Autre Monde qui a fourni à Arthur son épée magique, Excalibur. Lancelot est destiné à devenir non seulement le plus grand des chevaliers de la Table ronde, mais aussi à combler la brèche entre le Graal chrétien et le chaudron païen qui l'a précédé. Il est donc

Sire Gauvain, faisant face au Chevalier vert *dans le poème du* XIIIe *siècle, est devenu un des héros les plus représentés dans les romans médiévaux.*

***La peinture d'Arthur Hughes** (1870) montre Galahad dans sa quête du Graal, guidé par des anges.*

doublement tragique que, par la faute de son amour illégitime pour l'épouse d'Arthur, il ne puisse atteindre aux plus grands mystères – ce qui nécessite que Galahad ait été engendré par la princesse du Graal, Elaine. Lancelot devient par la suite l'archétype de tous ceux qui aspirent aux sommets de la conscience mystique mais échouent pour une unique faute.

Mais qu'en est-il des trois héros du Graal qui réussissent à achever leur quête ? On les comprendra mieux si on les voit comme trois aspects d'un même personnage, l'archétype du héros atteignant le Graal. Séparément, ils personnalisent des aptitudes et des mérites individuels, ce qui explique pourquoi, dans les versions où tous trois apparaissent, ils semblent souvent manquer d'humanité.

Bors de Ganis est le cousin de Lancelot, et on le représente généralement comme le plus humain des trois, l'« homme ordinaire » qui est marié. Dans un épisode, il est obligé de choisir entre porter secours à son frère Lionel, qu'il voit ligoté nu sur le dos d'un cheval et frappé avec une badine, ou voler au secours d'une vierge en détresse. Il choisit cette dernière, et il en résulte pour lui de grands ennuis. Le personnage est typique d'un homme qui s'efforce constamment de faire au mieux, en sacrifiant son propre bonheur, tout en paraissant toujours inquiet, préoccupé par les multiples choix et épreuves auxquels il est confronté. Dans un autre épisode, il accepte que plusieurs femmes se jettent dans le vide du haut de la tour de leur château, plutôt que de se laisser séduire par elles. Son choix se révèle justifié quand les femmes se transforment en démons et s'évanouissent dans les flammes.

Mais dans les textes tardifs, et en particulier dans les textes chrétiens, c'est Galahad qui réussit de la façon la plus éclatante à atteindre le Graal. Un dérivé de son nom est le mot irlandais *gal*, qui signifie « puissance », et c'est là une expression parfaite de ce personnage. Né d'une princesse du Graal, élevé par Lancelot, il combine les qualités physiques du chevalier et la chevalerie spirituelle. Voué dès la naissance à accomplir la quête du Graal, il franchit chaque épreuve qui jalonne le commencement de la quête. Comme Arthur au début de son règne, Galahad tire une épée dont la lame était enfoncée dans la roche, trouvée dans une rivière non loin de Camelot. Nul à part lui n'est capable de cette prouesse, et il l'approche avec l'assurance suprême de celui qui est déjà conscient de sa destinée. De fait cette certitude est un trait de caractère qui transparaît tout au long de sa vie et lui confère la réputation d'un personnage quelque peu dénué de cœur, ce que dément sa relation avec son père, une relation aimante en dépit de ce qui les sépare. Dans les textes où il apparaît, particulièrement dans la *Queste del Saint Graal*, il est souvent identifié à un personnage christique, possédé par la même certitude dans ses actes, conscient d'une destinée à accomplir.

Il y a pourtant quelque chose d'insatisfaisant dans la réussite de Galahad. Bien sûr, il atteint aux mystères, guérit le Roi blessé et redonne vie à la Terre gaste ; mais à la fin, quand il arrive à Sarras et qu'il lui est permis de plonger son regard dans le Graal, il meurt, incapable de s'accrocher plus longtemps à ce monde. Le Graal est alors retiré. Mais est-ce l'objet réel de la quête ? La Terre gaste et le Roi blessé ont été guéris, mais le vaisseau sacré n'est plus disponible pour soigner et fournir le feu intérieur au cœur du royaume. À ce stade, le royaume d'Arthur commence à dépérir – l'ancien péché de Lancelot et de Guenièvre éclate de nouveau, malgré leur vœu de ne plus jamais se trouver seuls, apportant la folie et la ruine dans la communauté de la Table ronde, qui est brisée à jamais.

LE NOM DU GRAAL

Chacun de ces personnages nous plonge dans le monde de la quête arthurienne du Graal, où résident de nombreuses énigmes. Certaines peuvent être expliquées par la grande diversité des influences – auxquelles il a parfois été fait allusion; d'autres seront explorées plus loin. D'autres problèmes découlent de simples erreurs commises par les scribes. Une des plus importantes concerne le nom du Graal lui-même.

Tous les textes évoqués jusqu'ici parlent d'un récipient sacré comme s'il avait toujours été connu sous l'appellation « Graal ». En fait, le mot lui-même est un terme purement médiéval, sans aucune preuve de son usage avant le Xᵉ siècle. Le mot vient du vieux français ou du moyen-haut allemand *gral*, qui dérive du mot latin *gradale*, qui signifie « par degrés » ou « par étapes ». Quoique assez rare, le mot était utilisé pour décrire un plat creux qui était apporté à table à différents moments du repas – d'où le sens de « par étapes ». Chrétien de Troyes semble l'avoir emprunté et investi d'une signification magique en le plaçant dans un contexte inhabituel. Il décrit la scène qui suit :

***Le peintre préraphaélite** Dante Gabriel Rossetti montre ici comment Galahad et Perceval sont restaurés par le Graal.*

Pendant qu'il est attablé avec le Roi Pêcheur, Perceval aperçoit une étrange procession. Tout d'abord vient un jeune garçon portant une lance à la pointe de laquelle goutte du sang. Deux autres garçons porteurs de candélabres suivent. Enfin une jeune vierge d'une grande beauté apparaît, qui porte un *graal* qui était « façonné dans le plus bel or [...] et orné de maintes pierres précieuses[14] ». La procession traverse la halle et disparaît dans une salle adjacente.

Le nom du Graal – et jusqu'à un certain point sa nature – est donc introduit dans la littérature sans éclat particulier. Il s'écrit avec un *g* minuscule. C'est seulement après que l'œuvre de Chrétien de Troyes aura rencontré le succès et lorsque le récipient aura été associé à la coupe de la Cène, probablement par Robert de Borron, que le Graal (avec un *G* majuscule) maintenant toujours appelé le Saint-Graal, développe sa signification spirituelle. Le phénomène s'est produit de manière presque rétrospective, et comme le Graal est un descendant des récipients divins, il a gardé une grande part de leur signification tout en augmentant son propre caractère sacré de par son lien avec les mystères chrétiens.

À peu près à la même époque a eu lieu un autre développement qui devait avoir des effets beaucoup plus importants. Certains scribes, lorsqu'ils écrivaient les mots français *San Greal* (Saint-Graal) ont transposé d'un mot à l'autre une des lettres, erreur qui se produisait fréquemment dans les copies manuscrites. Le résultat était alors *Sang Real* (sang royal). Il peut également s'agir d'un simple jeu de mots destiné à établir une connexion entre le Graal et le sang du Christ, qu'il contenait. Quoi qu'il en soit, nombre d'auteurs contemporains ont récemment suggéré que c'était une référence explicite à la lignée sacrée de Jésus et de Marie-Madeleine, qui se seraient mariés et auraient fondé une dynastie. Cette hypothèse est peu plausible, mais nous y reviendrons plus tard afin de comprendre pourquoi cette théorie a gagné un tel crédit à notre époque.

LA PLUS ANCIENNE ÉGLISE

Derrière la littérature médiévale repose un fait historique : la division du christianisme entre l'Église de Rome et sa branche celte. Robert de Borron a établi un lien entre le Graal et Joseph d'Arimathie, et il a fait venir son héros en Bretagne avec le Graal. Là, Joseph fonde la première Église de Bretagne, bien avant l'arrivée de saint Augustin de Canterbury en 597, et avec l'apparente autorisation du Christ et de sa mère. Lors de plus d'un concile, par la suite, les évêques bretons exigeront de s'exprimer avant ceux des autres pays, avec pour seul argument cette antériorité du christianisme en Bretagne.

Le christianisme celte a été découragé et sans doute considéré comme une hérésie par les missionnaires de Rome, qui l'ont trouvé solidement implanté à leur arrivée, au Ier siècle. Même après le synode de Whitby, en 664, qui établissait des détails allant de la tonsure des moines à la date de Pâques, tout n'allait pas si bien entre les différentes branches de l'Église. Moines et ecclésiastiques de rite celte étaient rarement pressentis pour remplir de hautes fonctions au sein de l'Église.

Or c'est dans la chrétienté celte que nombre des histoires relatives au Graal sont nées. Il faut examiner ces prétendus voyages merveilleux, comme celui de saint Brendan écrit en latin au IXe siècle, pour déceler le goût pour le merveilleux commun chez les scribes celtes. *Navigato Sancti Brendani*[4], qui narre le voyage du saint irlandais en des termes qui n'auraient pas été déplacés dans l'histoire du voyage d'Arthur à Annwn, abonde en éléments qui sont peut-être issus de l'histoire arthurienne ou de l'histoire du Graal.

De tels écrits étaient le produit d'une existence solitaire qui convenait sur une île plutôt que dans la vie communautaire des établissements bénédictins ou cisterciens. On peut juger significatif que Pélage, un théologien du Ve siècle dont la doctrine était que l'homme peut commencer son chemin vers le salut par ses propres efforts, ait été originaire de Bretagne. Il y a toujours eu quelque chose d'optimiste dans le tempérament breton, ce qui s'est mal accordé à la doctrine augustinienne du péché originel, et nous pouvons voir dans ces histoires inspirées de la tradition celte ce même désir d'un salut indépendant et d'un lien avec le divin par l'intermédiaire d'un récipient sacré.

Cela peut expliquer pourquoi les chevaliers arthuriens sont constamment représentés comme engagés dans la quête d'un objet qui devait être vu et utilisé quotidiennement sur chaque autel de chaque église dans toute la chrétienté. Mais il existe un aspect plus profond. La quête du Graal représentait la recherche d'un degré d'expérience mystique absent des enseignements et du cérémonial de l'Église.

LES DEUX VOIES

Le spécialiste des mythes Joseph Campbell a vu dans cette dichotomie au sein du Graal le reflet d'une césure comparable dans la chrétienté. Sur la blessure du roi du Graal, il remarque :

> *Cette calamité [...] était symbolique de la dissociation au sein de la chrétienté de l'esprit par rapport à la nature : la négation de la nature comme étant corrompue, l'imposition de ce qui était censé être une autorité d'essence surnaturelle, et le démantèlement de la nature et de la vérité par voie de conséquence. La guérison du Roi blessé, donc, ne pouvait être accomplie que par un jeune homme non corrompu et naturellement doué [...] motivé par l'esprit d'un amour noble et déterminé, comprenant la noblesse et la compassion spontanée*[11].

Cette dichotomie est présente au plus profond de la nature du sacrement eucharistique lui-même, lequel occupe un rôle central dans l'imagerie mythique du Graal. Le Christ est Dieu, mais c'est aussi un homme. Sa nature est divine, pourtant il appartient également à ce monde. Le pain et le vin, avant leur consécration, ne sont que du pain et du vin ; c'est seulement ensuite qu'ils deviennent le corps et le sang du Christ, même s'ils demeurent, en apparence, du pain et du vin.

Datée du XIII*e siècle,* La Queste del Saint Graal, *le plus mystique des romans médiévaux, montre la figure du Christ émergeant du Graal.*

Ce n'est ni plus ni moins qu'un nouvel énoncé des toutes premières images du Graal tel qu'il est apparu dans les récipients sacrés. Chacun de ces récipients contenait une parcelle du divin ; chacun était une partie de la création qui pouvait être expérimentée par des individus dans une étape de leur communion terrestre avec la divinité.

Tout comme l'Église primitive a travaillé à définir la nature exacte du Christ, l'Église médiévale a cherché à établir la nature de cette communion. La définition précise de la transsubstantiation – le changement miraculeux du vin en sang, de l'hostie en chair – n'a pas été évoquée avant le concile de Latran, en 1215, à l'époque où les textes sur le Graal apparaissaient. Mais l'Église avait une excellente raison pour se montrer précise sur ce sujet : l'hérésie avait commencé à menacer l'essence même de la chrétienté. Les hérésies qui niaient le mystère de la transsubstantiation, préférant des explications plus rationnelles au sacrifice eucharistique, existaient conjointement à des croyances presque talismaniques de la présence du Christ dans les différentes sortes de sang et de vin – tout comme, pour beaucoup, la nature du Graal lui-même était entièrement miraculeuse.

Le miracle quotidien de la messe se produisait sur l'autel de chaque église, si bien que le mystère devint familier sans pour autant perdre son origine divine. Les laïcs furent encouragés à voir le mystère divin s'accomplir quand le prêtre élevait les objets consacrés tandis que le diacre faisait sonner une cloche pour attirer leur attention. Dans le texte de *Perlesvaus*, c'est à cet instant qu'Arthur est témoin du mystère le plus profond du Graal :

Regardant vers l'autel après l'exorde, il lui parut que l'ermite tenait dans ses bras un homme au flanc ensanglanté, aux mains et aux pieds sanglants, et couronné d'épines[8].

D'autres textes, en particulier *La Queste del Saint Graal*[37] et plus tard *La Quête du Saint-Graal* de Thomas Malory[35] décrivent des événements similaires : les héros du Graal sont témoins d'une apparition du Christ. Ces textes s'égarent quelque peu pour exposer un parallèle entre les actions du Graal et celles de l'eucharistie.

LE CORPS CONSERVÉ

Ce qui précède rend les actions du Graal inhabituelles et incite à considérer la pratique qui consistait à conserver du pain consacré dans un *aumbry* (une boîte). Cela se faisait non seulement dans les églises mais également dans des demeures privées, où un fidèle administrait le sacrement à chacun, à défaut d'un prêtre ou d'un diacre, ou encore pendant les périodes de persécution. Les Saintes Réserves du sacrement constituent une part intrinsèque des légendes du Graal et sont mentionnées dans une traduction anglaise du *Joseph* de Robert de Borron. Dans l'épisode en question, la femme d'un des premiers rois du Graal rapporte comment sa mère garde l'hostie dans une boîte, car elle est secrètement chrétienne et craint la réaction de son mari païen. Chaque jour elle se lave les mains et :

Elle ouvre la boîte non marquée ;
De la boîte elle sort alors
Notre-Seigneur béni en chair et en os
Sous la forme d'un pain [...]
[...] avec maints pleurs et soupirs attristés
Elle reçoit là cette chose divine[49].

Avant de mourir, elle charge sa fille de garder la boîte soigneusement dissimulée – exemple intéressant de la façon dont les femmes semblent avoir été les porteuses du mystère du Graal tandis que les hommes étaient leurs gardiens. Nous y reviendrons.

UNE VOIE ALTERNATIVE

De façon générale, le Graal devint l'un des grands mystères sacramentels autour desquels la chrétienté se développait, même s'il est resté non reconnu par l'Église elle-même. La signification du Graal était énoncée non par les théologiens mais par les conteurs, même si l'enseignement essentiel demeurait le même. Le Christ était présent dans l'assemblée, non seulement dans l'hostie sur l'autel, mais aussi en chaque personne qui participait aux sacrements. Cette prise de conscience fut capitale. Les gens ne fréquentaient pas l'autel afin d'être « bons » d'une manière superficielle, mais dans le but de ne faire qu'un avec le Christ – littéralement, pour communier.

Le fait que le Graal pouvait également offrir une telle opportunité impliquait un mouvement d'indépendance et d'individualisme suffisant pour qu'il soit apparenté à l'hérésie. Il n'était pas permis aux gens du Moyen Âge d'entretenir des pensées originales sur un aspect touchant à la foi. Sous sa forme littéraire, le mythe du Graal pouvait aussi présenter une alternative dangereuse aux grandes lignes. Plus tard, il devait être associé à l'ordre militaire des chevaliers du Temple et au mouvement hérétique des cathares dans le sud de la France. Tous deux furent accusés d'hérésie.

Dans beaucoup de textes, le nom du château où est gardé le Graal est Corbénic, qui dérive peut-être de « corps béni ». Ce détail n'est pas sans importance. Le Graal était-il offert comme une alternative au salut, une autre forme de communion ? Est-ce la raison pour laquelle les chevaliers se lançaient dans la quête d'une chose qui pouvait manifestement être trouvée dans les sacrements quotidiens ?

La réponse est peut-être que les légendes sur le Graal symbolisaient une recherche personnelle de perfection, une pulsion qui ne pouvait être contenue par la croyance orthodoxe. Lorsque les romans traitant du Graal apparurent, l'Église s'était déjà développée en une organisation administrative plus concernée par des motivations politiques que religieuses.

Quand une religion héritée commence à se scléroser de cette façon, perdant ses vérités originelles dans le carcan des dogmes, le temps est venu pour une tradition ésotérique de s'épanouir, à travers laquelle ces vérités ne périssent pas mais sont au contraire revivifiées pour les générations à venir. En de telles périodes, des maîtres apparaissent, capables d'interpréter les mystères internes à la création. Ce sont les conteurs qui traduisent ces vérités de façon populaire, et les hérétiques qui plongent dans les traditions oubliées ou presque oubliées et formulent des alternatives.

Chacune de ces approches a influencé le développement des légendes liées au Graal, lequel peut être vu comme une simple allégorie chrétienne, comme une légende pure et simple ou une hérésie totale, selon l'époque concernée.

Tout comme aujourd'hui, il y eut des gens qui accomplirent leur propre voyage dans le mystère derrière le mystère, vers ces vérités enfouies que le Graal recèle dans ses profondeurs infinies. Ces premières recherches ont atteint des conclusions si essentielles qu'elles ne pouvaient s'exprimer que de façon codée, et il en découla des sociétés secrètes vouées à protéger la connaissance qu'elles avaient découverte. Toutefois, la source de ces nouvelles interprétations du Graal était aussi inattendue qu'on pouvait l'imaginer. Elle devait venir de l'Orient, où les croisés, partis reconquérir la cité sainte de Jérusalem, découvrirent les traces d'anciennes traditions dont le judaïsme, l'islam et le christianisme lui-même étaient nés. Bientôt allait être révélée une autre influence.

***Le roi Philippe IV** de France et le pape Clément V scellent le destin des Templiers dans cette illustration tirée d'un manuscrit du* XIV*e* *siècle.*

LA COUPE D'AMOUR

De ses propres yeux, le païen Flegetanis vit [...]
des secrets cachés dans les constellations. Il déclara
qu'il est une chose appelée Gral [sic], *dont il lisait le nom dans les étoiles.*

WOLFRAM VON ESCHENBACH, *Parzifal*

À travers sa longue histoire, le Graal a acquis une imagerie et une signification venues de sources différentes. Dans la plupart des cas, ce matériel nouveau était incorporé dans la sphère du vaisseau sacré. Quelle que soit la forme qu'elles prenaient, ces nouvelles branches de l'histoire s'identifiaient si totalement avec le mythe central du Graal qu'en l'espace de dix ans elles furent traitées comme si elles faisaient partie du mystère depuis toujours.

Le christianisme européen trouva aussi l'inspiration, souvent sans vouloir le reconnaître, en Orient. Alors que l'Église s'insérait dans le paysage général comme un élément incontournable, en 1095 un cri de ralliement retentit dans tout le monde occidental : *Sauvez le Saint-Sépulcre*. La cité de Jérusalem, longtemps considérée comme une image du paradis sur terre, était sous le contrôle des musulmans depuis le IXe siècle. À présent, elle exigeait d'être secourue.

Les armées de l'Occident commencèrent à se rassembler en réponse à un appel à la croisade contre les infidèles. Ce fut le début d'un des mouvements les plus puissants de tout le Moyen Âge, une aventure qui rassembla maints hommes bons pour le service en Europe et les envoya en des contrées inconnues où ils rencontrèrent des idées inhabituelles pour eux. Inévitablement, ces rencontres avec l'ennemi les mirent en contact avec la façon orientale d'approcher le divin.

Il en naquit de nouvelles pistes pour l'histoire du Graal, laquelle avait accompagné les croisés dans leurs rêves. Ces hommes en revinrent transformés. Avant la première croisade, le Graal recélait un pouvoir mystique et constituait un lien avec le divin. Dans la période qui suivit, le mythe effectua sa propre fusion des différentes sagesses, et celle qui en résulta devait transformer ceux qui se consacraient à sa quête.

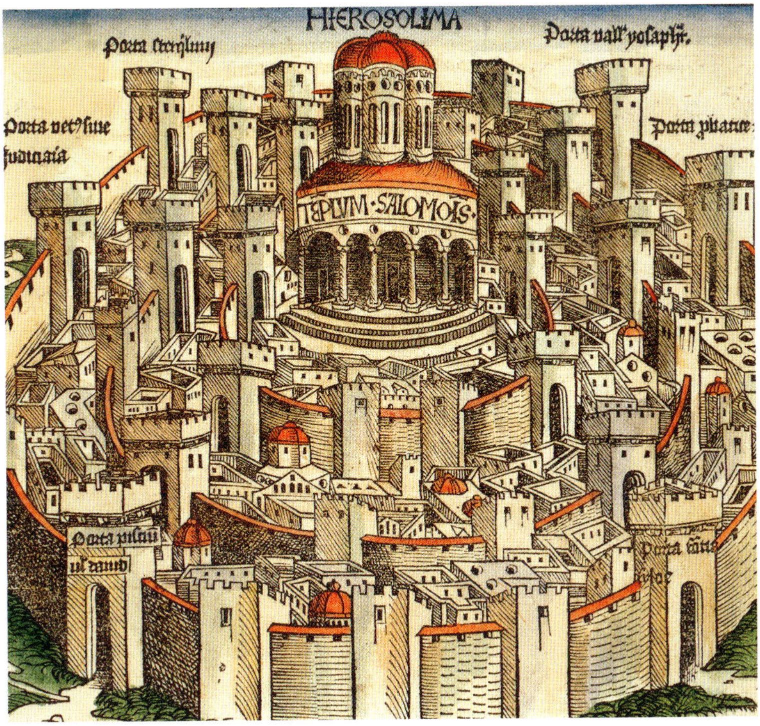

***Au XIe siècle, les armées croisées** partent pour reprendre la cité sainte de Jérusalem. Ici, une représentation de la cité tirée de la* Chronique de Nuremberg *(XVe siècle) de Hartmann Schedel.*

L'APPEL DE L'ORIENT

L'histoire du Graal se tourne alors vers les royaumes d'Orient. Depuis ses débuts, au VIIe siècle, l'islam s'est répandu rapidement dans tout le Moyen-Orient, de l'Égypte au Maroc, de l'Espagne à la Perse et à l'Inde. Cette nouvelle religion apportait avec elle une nouvelle culture. Ayant eu accès aux textes grecs bien avant l'Occident, les érudits musulmans furent des précurseurs dans les domaines de la médecine, l'arithmétique, l'astronomie, la géographie et la philosophie.

Avant le début des croisades, Jérusalem était aux mains des musulmans depuis déjà longtemps. Le pèlerinage jusqu'en Terre sainte demeurait certes possible, quoique risqué, sous le califat abbasside, mais vers la fin du XIe siècle l'équilibre des pouvoirs se modifia. Sous la dynastie des Fatimides, la permission d'entrer en Terre sainte devint incertaine. Et ce n'est pas un hasard si le pape Urbain II appela à la croisade à cette époque. Ses motivations étaient sans doute dictées autant par des considérations politiques que spirituelles. Il craignait la naissance d'une cassure entre les chrétientés occidentale et orientale,

***L'image idéalisée d'un chevalier croisé**, d'après* Esquisse de l'Histoire universelle, *de H. G. Wells, montre à quel point la vision des croisades changea peu au fil du temps.*

conscient que l'effort requis pour reconquérir la cité sainte nécessiterait un front uni. Lors du concile de Clermont, Urbain II annonça qu'il accorderait l'absolution générale et la rémission de tous les péchés à ceux qui accepteraient de combattre pour protéger la chrétienté des incursions païennes et voudraient bien aller libérer les lieux saints. En résumé, il proposait aux croisés un aller assuré pour le paradis. Quant à ceux qui renonceraient à leur engagement en cours de route, il leur promettait l'excommunication et la damnation éternelle.

L'appel d'Urbain II offrait aux chrétiens l'occasion d'accomplir leur devoir selon des termes clairs, dénués de toute ambiguïté. C'est ainsi que le pape réussit à rassembler l'une des meilleures armées de combattants que verrait l'Europe jusqu'à la Seconde Guerre mondiale; et dans le même temps, il résolvait le problème de ces forces restées sans but. Les armées chrétiennes n'avaient été persuadées que récemment de ne plus se combattre entre elles sans raison valable, et certaines régions étaient encore confrontées au problème d'armées adverses s'affrontant sur leur sol.

Cette situation peut apparaître comme un équivalent à la tradition littéraire arthurienne. Lorsque Arthur accéda au trône, il dut tout d'abord affirmer sa suprématie en triomphant des autres rois rivaux de Bretagne. Après avoir réussi à leur imposer l'unité, il les engagea pour maintenir la paix dans le pays. Mais une fois les combats terminés, lorsqu'il n'y eut plus de barons à vaincre, de chevaliers noirs interdisant un passage, de dragon à tuer, la communauté de la Table ronde sombra dans la léthargie et finit par céder à certains défauts que les chevaliers avaient pourtant fait vœu de maîtriser. Alors, au moment où toute la cour vacillait sous le coup du scandale créé par la passion illicite de Lancelot pour l'épouse d'Arthur, le Graal apparut, ouvrant des perspectives d'aventures et d'expansion.

Les croisades furent décidées à un moment stratégique, pour regrouper les diverses forces de la chrétienté en un fer de lance d'une puissance incomparable. Malheureusement, le parallèle tient lorsque nous considérons leur déroulement : des objectifs grandioses furent atteints, mais des maux terribles furent également déchaînés. Il existe de nombreux exemples d'armées croisées massacrant les chrétiens orientaux et les juifs, comme au siège de Constantinople, en 1204, et en règle générale les croisés se comportèrent de manière barbare avec leurs ennemis. De même, les chevaliers arthuriens qui approchèrent la quête du Graal de façon indigne firent peut-être plus de dommages que s'ils étaient restés chez eux, puisque en fin de compte la perte des chevaliers ayant péri durant la quête annonça la débâcle de la Table ronde. L'appel d'Urbain II déclencha des réactions en chaîne dont on sent encore aujourd'hui les effets. La possession de la Terre sainte, la division entre les Églises catholique et orthodoxe orientale, et nombre d'autres retombées qui déstabilisent le monde contemporain trouvent leur origine dans les croisades.

LES RELIQUES DES CROISÉS

L'objectif principal des armées croisées était de libérer le Saint-Sépulcre, de la même façon que le but de la quête des chevaliers était d'atteindre le Graal. Mais un problème se fit jour très vite. Lorsque les croisés eurent enfin reconquis Jérusalem, en 1099, il n'y avait pas un œil sec dans leurs rangs : les tueurs les plus endurcis pleuraient à la vue du tombeau du Christ. Le dilemme ne les avait pas frappés avant cet instant : le tombeau, simple lieu de repos temporaire du Christ avant la Résurrection, était vide. Leur victoire était trompeuse, voire fausse. Lorsque les chefs de la première croisade commencent à superviser l'enlèvement des cadavres de Jérusalem, dont les rues avaient été purgées de tout musulman, juif ou chrétien sympathisant de l'islam, ils se posèrent la question : « Et maintenant ? »

La chrétienté conserva Jérusalem jusqu'en 1187, quand la ville retomba entre les mains des musulmans. Mais, tout comme aucun individu ne peut s'approprier le paradis comme une possession personnelle, les croisés ne pouvaient transformer une cité terrestre en une enclave céleste. Il ne fallut pas longtemps avant que les disputes apparaissent. Des chefs religieux et séculiers furent choisis, après de longues discussions, et un royaume de Jérusalem, baptisé Outremer, fut créé. Le royaume demeura une pomme de discorde, car les prétendants ne manquaient pas après la mort de tout roi assez insouciant pour ne pas avoir laissé d'héritier incontestable. En fin de compte, le sang des chrétiens coula plus abondamment pour la possession de la Terre sainte que celui de leurs adversaires.

Les croisades provoquèrent de multiples changements dans la chrétienté. On avait vidé les coffres pour lever de puissantes armées d'hommes qui, à leur retour, se retrouvaient souvent sans toit ni but. Désabusés, ils sillonnaient l'Europe en mendiant leur nourriture ou en formant des groupes armés qui terrorisaient les contrées. Ceux qui représentaient la force de la chrétienté se révélaient pleins de faiblesses : les images saintes étaient obscurcies par la fumée des incendies et le sang des massacres. Toutes sauf une : le Graal, qui au lieu d'être affaibli par la dégradation de cette grande entreprise, parut se renforcer.

Une raison expliquant ce phénomène est un accroissement soudain des recherches de reliques. Les croisés, désœuvrés en Terre sainte, se mirent à fouiller le pays en quête d'objets qui auraient pu avoir appartenu à Jésus ou à ses disciples, ou qu'on pouvait leur associer d'une manière ou d'une autre. Un commerce de ces reliques s'établit rapidement, avec assez de morceaux de la « vraie croix » rapportés en Europe pour reconstituer une forêt entière. C'était inévitable, des récipients supposés être le Graal furent également rapportés d'Orient.

Un roman allemand rédigé au XIIIe siècle, *Der Jungere Titurel*, dont l'auteur est Albrecht von Scharfenburg[52], fait référence à un plateau précieux découvert dans une église à Bucoleon, pendant la quatrième croisade, et envoyé à la cathédrale de Troyes en 1204. C'est presque un exemple de l'histoire imitant l'art, puisque c'est la ville de naissance de Chrétien de Troyes, auteur du premier véritable roman sur le Graal. Malheureusement, celui-ci était sans doute mort à cette date, mais on ne peut s'empêcher de se demander si l'une des raisons pour lesquelles le plateau de Bucoleon a fini à Troyes n'est pas liée à l'histoire du Graal. La relique est restée dans la cathédrale jusqu'en 1610, puis elle a disparu pendant la Révolution, et on ne l'a pas revue depuis.

On a dit de l'histoire du Graal elle-même qu'elle avait été importée d'Orient. Chrétien de Troyes était au service de Philippe de Flandres, membre d'une des familles de croisés les plus renommées; il déclara que Philippe lui avait donné la source de son poème d'après un livre acquis en Terre sainte, en 1177. Ce que ce livre était, Chrétien de Troyes ne pouvait le dire avec certitude, même s'il nous est permis de supposer qu'il s'agissait d'une des premières œuvres sur le Graal. La date correspond avec les déplacements de Philippe à cette époque, et même s'il n'a pas rapporté un texte proprement dit, il peut très bien être revenu en France avec un récit concernant un ou plusieurs objets sacrés découverts par les armées croisées.

Une autre relique était un plateau octogonal vert, en verre, d'environ quarante centimètres de large, connu sous le nom de *Sacro Cantino*. Découvert durant le sac de Césarée, en 1101, il fut rapporté par les armées victorieuses à Gênes, où, et à ce jour encore, il demeure dans la cathédrale. D'aucuns prétendent que c'est un présent apporté par la reine de Saba au roi Salomon, et qu'il était constitué d'émeraude. D'autres lui conféraient une importance encore plus grande. Ainsi, à la fin du XIIIe siècle, l'archevêque Jacques de Voragine, dans sa compilation de *La Légende dorée*, rapporte :

> *Ce récipient est façonné à la ressemblance d'un plat, d'où la croyance commune selon laquelle ce serait celui dans lequel le Christ [...] aurait mangé lors de la Cène [...] Si cela est vrai, nous ne le savons pas ; mais puisque avec Dieu rien n'est impossible, nous ne l'affirmons ni ne le nions avec fermeté [...] Ce qui suit ne doit cependant pas être passé sous silence : dans certains ouvrages des Anglais il est dit que, lorsque Nicodème* [sic] *descendit le corps du Christ de la Croix, il recueillit Son sang [...] dans un certain récipient en émeraude, miraculeusement donné à lui par Dieu, et que dans leurs ouvrages les Anglais nomment ce récipient Sanguinalia*[25].

Voilà qui est nouveau. Nous ne savons pas avec certitude à quels « ouvrages des Anglais » il est fait ici allusion, même si l'on peut raisonnablement penser qu'il s'agit des premiers textes parlant soit de Joseph d'Arimathie (remplacé par Nicodème) soit du Graal arthurien. Toutefois, plus intéressant est le fait que le Graal – qui porte le nom de Sanguinalia, en référence au fait qu'il a contenu du sang – est décrit comme étant en émeraude. Il existe une autre histoire d'émeraude, celle-ci tombée du ciel, qui allait bientôt devenir partie intégrante de l'histoire du Graal et établir un lien encore plus étroit avec la sagesse orientale.

LA PIERRE TOMBÉE DU CIEL

Chrétien de Troyes n'était pas le seul écrivain à déclarer qu'il avait tiré l'histoire du Graal d'une source orientale. Le poète allemand du XIIIe siècle Wolfram von Eschenbach déclarait que son *Parzifal*[56], relation longue et symboliquement chargée du Graal, s'inspirait d'un livre écrit par Kyot de Provence, qui à son tour l'avait tiré d'une source inattendue – un érudit musulman nommé Flegitanis, versé dans la science des étoiles et qui avait écrit sur un grand conflit s'étant déroulé dans les cieux entre les anges. Lucifer, dont le nom signifie Porteur de Lumière et qui à cette époque n'était pas encore associé au diable, est le héros de cet affrontement. Il tombe sur Terre quand les anges rangés au côté de Dieu l'expulsent du ciel. On dit que Lucifer portait une couronne ornée d'une grosse émeraude et – soit pendant le combat, soit pendant la chute – la gemme se serait délogée. Selon Flegitanis (tel que le rapporte Wolfram), elle serait tombée sur Terre, où elle aurait été nommée Graal.

> *Une pierre de la plus grande pureté […] appelée* lapsit exillis […]. *Si un humain voit la pierre, même s'il est malade, il ne mourra pas dans la semaine suivante […] et s'il voit la pierre chaque jour pendant deux cents ans, son aspect ne changera point, quoique sa chevelure puisse devenir grise*[56].

Cette description a entraîné toutes sortes de spéculations depuis la parution de l'ouvrage. Une traduction précise du latin approximatif de Wolfram n'est pas envisageable. Il peut avoir voulu écrire *lapis lapsus ex caelis* (« pierre tombée du ciel »), ce qui correspondrait à l'histoire de la chute de la pierre de la couronne de Lucifer. D'autres interprètes ont pensé être sur la bonne piste en identifiant le « Gral » de Wolfram à la *lapis philosophorum*, la pierre philosophale, image centrale des alchimistes, dont nous reparlerons dans le dernier chapitre.

Le fait que l'intérêt pour l'alchimie soit né en Orient et qu'il ait pénétré en Europe à travers la rencontre de chercheurs orientaux et occidentaux s'accorde bien non seulement à la source supposée de Wolfram mais aussi avec la période des croisades, lorsque la sagesse de l'Orient rencontra celle de la chrétienté. Même sans tenir compte du fait que Wolfram aurait tiré son histoire d'une source orientale (il n'existe aucune preuve irréfutable dans un sens ou un autre), il est possible qu'il ait découvert cette source dans les écrits ou les conversations d'un voyageur revenant d'Orient, en particulier parmi ceux ayant passé quelque temps dans la cité espagnole de Tolède, où les musulmans, les juifs et les chrétiens se côtoyaient dans une trêve fragile.

On croyait que les météorites *semblables à celle représentée ici étaient tombées du paradis et qu'elles recélaient un grand pouvoir spirituel. L'une d'elles a-t-elle été à l'origine du Graal ?*

LE GRAAL DES KABBALISTES

C'est probablement à Tolède que certains concepts de la tradition mystique juive connue sous le nom de Kabbale se sont liés au récipient sacré. L'étude de la Kabbale (le mot signifie « de bouche-à-oreille ») remonte au IIe siècle de l'ère chrétienne. Elle se compose d'une étude des textes bibliques et des révélations personnelles profondes qui l'accompagnaient souvent. Plus profondément encore, elle se rapporte à une certaine difficulté parmi les mystiques juifs à entrer en relation étroite avec Dieu. Comme il leur était interdit de prononcer Son nom, ils utilisèrent des synonymes et, faute de pouvoir décrire la divinité, les kabbalistes développèrent une manière de composer avec les limitations que leur imposait la foi. Le pouvoir de Dieu fut représenté par l'Arbre de Vie, un diagramme abstrait qui figurait dans son intégralité le mécanisme du plan de Dieu pour la création.

L'Arbre montrait une série de chemins entre des sphères (appelées Sephiroth) qui devaient être parcourues afin d'atteindre à l'union avec l'infini. Ce voyage symbolique représentait le cours de la vie humaine, avec ses souffrances et ses joies – quête très similaire à celle du Graal. Alors que les rabbins érudits qui étudiaient la Kabbale ne cherchaient pas à renverser des principes reconnus, ils s'aventurèrent plus loin dans le domaine de la spéculation ésotérique, ce qui ne plut que très modérément à leurs coreligionnaires. À cause de cela, les kabbalistes se mirent à pratiquer en petits groupes et dans la plus grande discrétion. En dépit de ce secret, c'est de cette source extrêmement éclectique que le courant suivant apparaît dans l'histoire du Graal.

LA JEUNE MARIÉE DE DIEU

Comme dans la quête du Graal, l'élan qui donna naissance au système kabbalistique était un désir d'union avec Dieu. Une des illustrations les plus profondes de cette vérité est représentée dans la Kabbale par la Shekhinah, personnage féminin qui symbolise la présence compatissante de Dieu. Elle a choisi d'accompagner Adam et Ève lorsque ceux-ci ont été chassés du paradis ; désormais, l'humanité doit rester en captivité sur Terre, exilée de l'état parfait d'union avec l'infini. Mais, parce que la Shekhinah a accompagné l'humanité, les humains sont capables d'approcher de nouveau cet état tant regretté.

La Shekhinah est parfois décrite comme le voile de Dieu, protégeant l'humanité de Sa terrible présence. C'est elle qui plane sur les eaux quand le monde est créé. On peut

Le personnage mystique de Sophia, *une émanation de Dieu, a peut-être influencé l'idée d'un gardien du Graal issu de l'Autre Monde.*

également voir en elle une déclinaison personnifiée du Graal – un réceptacle pour la miséricorde et la richesse de Dieu, une présence à rechercher et un amour qui pousse les mystiques à entreprendre la quête éternelle jusqu'à atteindre l'union ou l'autoréalisation. Tout cela évoque les commencements du vaisseau sacré et les cratères et chaudrons dans lesquels la création elle-même se serait formée.

L'idée d'une homologue féminine à Dieu, ou au moins d'une entremise féminine dans la divinité, était connue dans la tradition islamique sous le personnage gnostique de Sophia, la jeune mariée de Dieu. Ce personnage imprègne l'ensemble de la civilisation occidentale et reste lié à l'idée de la sagesse personnifiée par une femme. La Shekhinah était implicite dans la mystique juive, comme l'était la sage compagne de Dieu dans les Livres de sagesse bibliques. Dans les premiers temps de la pensée gnostique, cette notion s'est diffusée dans tout le Proche-Orient et connectée avec les religions classiques. Sophia alors était considérée comme une source de création et de rédemption. Les premiers Pères de l'Église rejetèrent cette idée, déplorant le dualisme suggéré par une telle théorie. Ainsi l'idée d'une force féminine compatissante descendant de la divinité fut-elle écartée.

Malgré cela, la figure de Sophia devint associée aux actions du Saint-Esprit et considérée comme un aspect féminin du Créateur. Dans l'iconographie chrétienne, elle est représentée sous l'aspect d'une colombe. Il est significatif que la colombe ait toujours symbolisé une vigilance féminine et maternelle, vue comme « déployant sa puissance d'un bout du monde à l'autre, ordonnant toute chose pour le bien ». De même, ce n'est pas un hasard si la colombe est le symbole de l'espoir pour les gardiens du Graal dans *Parzifal*. Dans cette même œuvre, le messager du Graal, l'affreux Kundry, vient annoncer le caractère sacré du récipient à Parzifal, coiffé d'un capuchon de samit noir (un lourd tissu à trame de soie) sur lequel « luisaient une volée de tourterelles finement tressées en fils d'or arabe, dans le style de l'insigne du Graal[56] ».

La qualité féminine du Graal – qualité toujours présente mais rarement reconnue – est soulignée dans la section de *Parzifal* où apparaît la référence citée ci-dessus. Feirefiz, le demi-frère de Parzifal, est un païen et, à cause de parents venant à la fois d'Europe et d'Orient, est un « panaché de noir et de blanc », une tentative de définition singulière pour parler des sang-mêlé. Lorsque le récipient sacré est apporté dans l'assistance, Feirefiz annonce qu'il ne voit aucun Graal, seulement sa porteuse, la princesse du Graal Repanse de Schoye. Sans se soucier du récipient, il se déclare prêt à être baptisé, dans le seul but de pouvoir épouser celle qui le porte.

La description de Repanse inclut maints attributs de Sophia et de la Shekhinah. Elle porte le récipient d'amour pour toute l'humanité, elle partage les souffrances de tous les hommes si bien que « son apparence en a souffert », elle arbore une couronne d'autorité ou de sagesse. De toute l'assistance, seul Feirefiz reconnaît sa véritable qualité. Lors du baptême qui suit, la signification de sa transformation personnelle est montrée quand les fonts baptismaux, inclinés vers le Graal, se remplissent miraculeusement d'eau. Repanse et Feirefiz se marient, et de leur union, symboliquement une union entre l'Occident et l'Orient, naîtra une lignée de rois du Graal, que nous reverrons dans le chapitre suivant.

LE GRAAL DE MARIE

Sophia, la jeune mariée de Dieu, issue d'une lointaine tradition gnostique qui peut être vue comme une représentante vivante du vaisseau sacré, ne fut pas la seule source féminine de sagesse et de sacré. Au cœur du Graal se tenait le personnage de Marie, la mère de Jésus. Dès ses débuts, le Graal a été considéré comme un récipient contenant un peu de l'essence divine. Dans ses dernières incarnations, cette essence divine a été identifiée au sang du Christ. Dans l'intensité de la mystique chrétienne, le Graal en vint à représenter les entrailles de la Vierge, dans laquelle la semence divine avait été transmutée en corps de l'Enfant Jésus.

Marie était considérée comme la porteuse du Graal au Moyen Âge, ses entrailles représentant le réceptacle de la lumière.

Marie était également *theotokos* (porteuse de Dieu), tandis que dans la « Litanie de Loretto » elle est glorifiée comme un « réceptacle spirituel, réceptacle d'honneur, réceptacle singulier de dévotion ». Dans les faits, Marie, à l'instar de la

Shekhinah et de Sophia, est devenue un Graal vivant, un récipient dans lequel le sang et l'essence du Christ sont contenus. La Litanie renforce encore plus ce point quand elle en appelle à la Vierge :

Cause de notre joie
Arche d'alliance
Tour de David
Tour d'Ivoire
Demeure d'Or
Siège de Sagesse
Miroir de Justice
Reine des Prophètes.

Chacune de ces qualités reflète un aspect du Graal. Car lui aussi était un récipient pour l'esprit et la dévotion, une cause de joie pour ceux qui bénéficiaient de sa présence, une arche de la Nouvelle Alliance entre Dieu et l'humanité. Il était également associé à une demeure d'or (le temple du Graal), à un siège de sagesse (le Siège périlleux, sur lequel seul celui qui est destiné à atteindre aux mystères du Graal peut s'asseoir) et à la prophétie, aspect qui lui est spécifique dans *Parzifal.*

Dans le symbolisme médiéval, Marie est la reine des cieux, ainsi qu'un miroir, un récipient, une maison d'or, une étoile de mer. Son symbole suprême est la rose, et elle est la reine du jardin de la Rose très sacrée où le Graal est caché. Comme le dit Wolfram von Eschenbach :

La merveille cachée dans le jardin fleuri du roi où les élus de toutes nations sont appelés[11].

Une grande partie du symbolisme du Graal médiéval s'appuie sur la doctrine catholique, même si elle inclut également l'importance du féminin divin à une époque où l'Église établie s'oppose à cette notion. Si elle n'a jamais été critiquée, la dévotion à Marie était considérée comme d'ordre secondaire en comparaison de la dévotion au Christ. Les histoires du Graal permettaient l'expression d'un courant sous-jacent issu de temps préchrétiens, lorsque la dévotion au principe féminin sous la forme de la Terre mère et de la Grande Déesse était aussi importante.

L'HISTOIRE DE DINDRANE

L'héritage païen concentre cet aspect dans la féminité implicite de sa forme, coupe ou vaisseau. Cette idée s'exprime également dans l'histoire de Dindrane, seul personnage féminin à partir en quête du Graal. Sœur de Perceval, Dindrane a non seulement une vision prémonitoire de l'apparition du vaisseau sacré, mais elle se met aussi en quête avant tous les chevaliers.

Son histoire est brève. Élevée comme son frère dans l'ignorance du monde, elle se joint aux trois chevaliers sur le vaisseau de Salomon lorsque le Graal est à bord et qu'ils se rendent à la Cité sainte. En chemin ils font halte dans un château où la coutume exige que toute vierge passant par cet endroit donne un peu de son sang pour soigner la dame du château, qui souffre de la lèpre. Les chevaliers du Graal auraient volontiers défendu Dindrane au péril de leur vie, mais la jeune fille offre volontairement son sang en guise de sacrifice, ce qui se produit lorsque sa mort s'ensuit. Ses veines sont ouvertes à la manière de l'époque, et bien que la dame du château soit guérie, le saignement ne peut être stoppé, ce qui provoque le trépas de Dindrane.

On a beaucoup écrit sur cet épisode. L'histoire de Dindrane est unique dans la littérature du Graal. Il n'est permis à aucune autre femme de partir pour la quête, et dans la plupart des textes cette interdiction s'explique par le fait que leur présence risquerait de distraire les chevaliers. Certains veulent voir dans l'histoire de Dindrane une allégorie du sacrifice chrétien, d'autres y détectent un sens plus profond, en relation avec les coutumes attachées à la menstruation féminine et au droit des femmes de servir lors de l'eucharistie. Les auteurs médiévaux du Graal ont vu dans Dindrane la personnification de la sagesse féminine, laquelle complète le quatuor des personnages principaux qui cherchent le Graal et symbolise l'aptitude à créer une vie nouvelle. On peut également relever le parallélisme entre le sang de Dindrane et la guérison du Roi blessé.

Après sa mort, le corps de Dindrane accompagne les chevaliers qui font voile à bord du vaisseau de Salomon jusqu'à la cité sainte de Sarras, nom qui dérive probablement de Saracen, ville située à l'est, ce qui n'est pas sans signification. C'est là qu'elle est enterrée, et à sa mort Galahad est enseveli à côté de sa sépulture. Dans tous les domaines Dindrane est perçue comme étant l'égale des chevaliers de la quête, même si elle remarque elle-même dans un texte que son voyage a été plus rude que le leur.

LES CHANTRES DE L'AMOUR

L'histoire de Dindrane est un exemple rare de l'importance de la spiritualité des femmes au Moyen Âge. Toutefois, la célébration de l'aspect divin des femmes trouvait son expression ailleurs : dans les écrits et les chansons des troubadours, lesquels étaient influencés par la sagesse orientale. Ces poètes qui parcouraient les routes d'Europe pour raconter les hauts faits d'Arthur et de ses chevaliers, et pour chanter des textes ayant pour thème l'amour humain, célébraient également le divin féminin. Cela s'exprima dans l'« amour courtois », largement répandu dans toute l'Europe du XIIe au XIVe siècle. Tout en étant une forme de cour amoureuse, l'amour courtois était aussi considéré comme un ordre semi-religieux, une véritable Église d'amour avec ses propres lois. Ainsi un homme pouvait regarder une femme, la courtiser, la désirer, exprimer ce désir dans un panégyrique interminable, mais il lui était interdit d'aller plus loin. Le contact physique n'était jamais autorisé, du moins à ceux qui se conformaient aux règles édictées dans des écrits tels que *L'Art de l'amour courtois*, d'Andreas Capellanus[12], bible du troubadour.

Dans ce livre est exposé un ensemble de principes quant à la façon de faire la cour. Andreas Capellanus, qui semble avoir vécu dans l'entourage de Marie de Champagne, à Troyes, à l'époque de Chrétien, estimait que l'amour est un art et qu'à ce titre il doit être pratiqué selon un ensemble de règles : qui avait droit d'aimer qui, comment obtenir l'amour, le savourer, le conserver ou le repousser. L'amour est défini comme « une certaine souffrance innée découlant de la vue et d'une intervention excessive de la beauté du sexe opposé, qui provoque chez chacun le souhait de par-dessus tout embrasser l'autre[12] ».

Afin d'obtenir l'amour de l'être aimé, il était nécessaire de suivre une pratique codifiée qui amenait à l'adoration de toutes les femmes en tant que représentantes du divin féminin.

La source de ces idées exprimées par Andreas Capellanus et par les autres troubadours se situe en Orient. Dès 1022, l'érudit et poète musulman Ibn Hazm avait rédigé le *Tawq al-hamamah* (Le Collier de la colombe), où un amour chaste était pour un homme noble le signe de l'accomplissement naturel le plus grand. Andreas et les troubadours inclurent ces notions dans un système occidental. Le mot provençal « joy », au sens proche de « béatitude », fut créé pour décrire l'objet de cette quête qu'on peut résumer par cette formule d'Uc de Saint-Circ, troubadour du

XIIIe siècle : « Être amoureux, c'est tendre vers les cieux par l'intermédiaire d'une femme.[20] »

Que nous choisissions de voir en cette femme Marie, Sophia, la Shekhinah ou simplement le divin féminin, nous devons croire à la force avec laquelle de telles déclarations étaient faites, et à la manière dont elles se référaient à l'idée originelle du Graal en tant que lieu de rencontre entre l'humanité et le créateur de toute vie.

Mais de telles pensées ne pouvaient s'exprimer sans crainte de représailles, d'accusations d'hérésie, de menaces d'excommunication et de risques de mort. Pour cette raison, les hommes et les femmes qui avaient découvert ces mystères durent s'y référer en codant leur discours. Les troubadours dissimulaient le message de la fusion entre l'amour physique et l'amour divin dans une poésie destinée à des femmes parfaites et inaccessibles. D'autres se montrèrent plus directs et en payèrent chèrement les conséquences. C'est ainsi qu'ils écrivirent une nouvelle page de l'histoire du Graal.

Les troubadours*, comme celui de ce manuscrit allemand du XIVe siècle, véhiculèrent l'histoire du Graal et celle de la sainteté des femmes dans tout le monde occidental.*

LA DESCENDANCE DU GARDIEN

L'âme de chacun de nous est envoyée
Afin que l'univers soit complet.

PLOTIN, *Les Ennéades*, IV, 8, 1

L'idée que le récipient sacré, une fois apporté en ce monde, n'ait pas seulement besoin d'un lieu de résidence mais aussi d'un groupe de gens consacrés à sa garde remonte à l'époque des Celtes. Mais c'est durant les croisades que l'idée s'est installée dans le mythe. Une famille « choisie » pour agir en tant que gardienne du vaisseau sacré est d'abord apparue dans les écrits de Robert de Borron. On y dit que Joseph d'Arimathie a établi une lignée de rois du Graal qui gardent le récipient sacré en sécurité ; ces rois dispensent ses secrets à leurs descendants.

Avant que Joseph et les siens n'entament le voyage qui devait les mener en Bretagne, Joseph reçut ce message du Christ, qui :

> *dit [à Joseph] des mots sacrés qui sont doux et gracieux et pleins de pitié, et justement appelés les secrets du Graal*[9].

Plus tard, la voix de l'Esprit-Saint enjoint à Joseph de remettre le Graal dans les mains de cet homme, qui l'emportera en lieu sûr et attendra là la venue de son petit-fils Perceval, le premier à rechercher le Graal à l'époque d'Arthur.

> *Et quand arrivera ce fils, le Vaisseau devra lui être confié, et tu lui diras et ordonneras de se charger ensuite de sa garde… Toi et les descendants de ta lignée […] serez sauvés […] et serez très aimés et chéris, très honorés et craints du bon peuple et des gens*[9].

Joseph obéit, il rassemble les siens et leur relate ce que la voix lui a commandé. Il ne garde pour lui qu'un seul détail : un mot que le Christ a prononcé pour lui alors qu'il se languissait dans le donjon. « Ce mot, il l'apprit au Riche Pêcheur, et lorsqu'il eut parlé il lui confia aussi le soin de coucher ses propos par écrit[9]. » Le « mot » mystérieux demeure au cœur de la littérature du Graal dès cet instant. Il implique une transmission directe entre le Christ et Joseph d'Arimathie, et à travers lui un message à tous les chefs de la famille du Graal. Ce sont eux qui protègent un mystère dont le Graal n'est qu'un symbole, ce sont eux qui à l'avenir décideront qui sera digne de contempler le cœur du vaisseau lui-même.

LES DESCENDANTS DU GRAAL

Wolfram von Eschenbach, lorsqu'il expose ces idées dans son *Parzifal*, fait parler l'ermite Trevrizent lorsque celui-ci explique la nature de la famille du Graal : « Le Graal envoie les jeunes femmes librement de par le monde, mais c'est aux hommes qu'est confié le secret. C'est pourquoi ils engendreront les enfants [...] qui le jour venu reviendront servir le Graal et grossir les rangs de sa famille. »

Eschenbach semble se référer à une succession physique, mais il indique également que la lignée du Graal est un secret connu des anges. Précédemment, dans le même texte, il parle des troupes d'anges qui ont apporté le Graal sur Terre après la guerre au ciel. Il ajoute que l'intention de ces êtres saints est de s'assurer qu'une « descendance chrétienne élevée pour la vie pure ait le devoir de veiller sur lui. Ces humains qui sont appelés au service du Graal sont à jamais des êtres dignes[9] ». La famille du Graal est sélectionnée par les plus hautes forces spirituelles.

Certaines histoires *sous-entendent que la famille qui gardait le vaisseau sacré était d'origine angélique. (Illustration de Gustave Doré.)*

LE TEMPLE DU GRAAL

Les secrets du Graal furent transmis de père en fils, jusqu'à l'époque d'Arthur, quand la grande quête commença vraiment. Jusque-là, il était conservé en un lieu secret, où on pouvait le vénérer jusqu'au moment où l'humanité serait avertie de son existence, verrait ses pouvoirs miraculeux et aurait la chance de partir en quête de ce qu'il représentait.

Les traditions primitives concernant l'édification du temple le décrivent comme un endroit habité par une divinité, où le Créateur, dieu ou déesse, invité à y pénétrer, peut choisir de communiquer avec la création. La terre sur laquelle s'élève le temple devient sacrée, soit parce que le temple a été bâti en ce lieu, soit suite à la consécration qui s'effectue par la présence du divin. Cet endroit devient un *temenos*, un lieu à part où réside la divinité, de sorte qu'entrer en ce lieu signifie s'introduire dans la sphère du divin et côtoyer la présence du ciel sur Terre.

La première mention d'un lieu particulier pour le Graal remonte à Caer Siddi, la mystérieuse île aux quatre côtés mentionnée dans un poème celte du IXe siècle, « Le Butin d'Annwn ». Le chaudron d'Annwn y était conservé, et c'est là qu'Arthur et ses hommes vinrent le dérober. Ensuite nous n'entendons plus parler de l'endroit où est caché le Graal, jusqu'à un texte intitulé *Der Jungere Titurel*, rédigé vers 1270 par le poète allemand Albrecht von Scharfenburg[52]. Le lieu de résidence du Graal est décrit en détail, et son édification, expliquée. Comme nous pouvions nous y attendre, c'est un membre de la famille du Graal qui entreprend cette tâche.

Titurel, qui est le grand-père de Parzifal et pourrait très bien être la même personne que Bron, a cinquante ans lorsqu'un ange lui apparaît et lui annonce que le reste de son existence devra être voué au service du Graal. Il est guidé dans une forêt sauvage où se dresse la montagne du Salut, Muntsalvache. Là, il trouve des ouvriers recrutés dans toutes les parties du monde qui l'aident à construire un temple destiné à abriter le Graal, qui alors flotte dans les airs au-dessus de la montagne, maintenu par des mains angéliques. Titurel se met au travail et nivelle le sommet de la montagne, constituée d'onyx très dur, qui poli « luisait comme la lune ». À ce stade, il découvre le plan de l'édifice mystérieusement gravé sur cette surface fabuleuse. L'édification du temple demande plus de trente ans, et pendant ce temps le vaisseau sacré fournit non seulement les matériaux pour la construction, mais aussi la nourriture pour les ouvriers.

Sa description est extrêmement détaillée. Il est haut et de forme circulaire, surmonté par une grande coupole. Autour de lui se trouvent vingt-deux chapelles disposées en octogone, et au-dessus de chaque paire de celles-ci se trouve un clocher octogonal surmonté d'une croix de cristal blanc et d'un aigle d'or. Ces tours encerclent le dôme central, constitué d'or rouge émaillé de bleu.

Trois entrées y livrent accès : une au nord, une à l'ouest et la troisième au sud. De ces trois entrées s'écoulent des rivières. L'intérieur est d'une richesse incomparable, décoré de sculptures d'arbres et d'oiseaux, tandis que sous un plancher de cristal nagent des poissons artificiels, mus par des tuyaux dissimulés qui dispensent de l'air propulsé par des moulins à vent et des soufflets. Dans chacune des chapelles se dresse un autel de saphir, aux tentures de samit noir, et toutes les fenêtres sont de béryl ou de cristal, ornées de diverses pierres précieuses.

***Cette peinture du* XIXe *siècle* de Carl Grunwedel montre un temple du Graal sur lequel veillent des anges.**

Dans le dôme, un soleil et une lune mécaniques se déplacent dans un ciel d'émail bleu où les étoiles sont figurées par des escarboucles. En dessous, au centre exact, se trouve une maquette de l'édifice, décorée des joyaux les plus rares, et à l'intérieur est conservé le Graal, lui-même image microcosmique de la création.

Il est manifeste que cela correspond à une sorte de paradis terrestre. Certains détails, comme les trois rivières ainsi que la disposition générale de l'édifice, figé et parfait dans sa splendeur parée de bijoux, avec ses oiseaux et ses poissons artificiels, portent à cette conclusion. La demeure du Graal a été construite sur Terre, mais elle reste une copie, un simulacre du temple véritable. Une fois encore, comme dans les exemples antérieurs du réceptacle sacré, l'ensemble agit pour inciter l'homme à une communion plus étroite avec l'infini.

LE TEMPLE SASSANIDE

L'un des aspects les plus extraordinaires de cette description est sa ressemblance avec un lieu réel, dont on peut voir les ruines aujourd'hui encore.

Cette coïncidence troublante a été révélée dans les années 1930 quand Arthur Upham Pope, un expert américain de l'histoire et de la spiritualité orientales, mena une expédition sur le site d'un ancien temple sassanide (perse), le Takht-i-Taqdis, ou trône des Arches, dans une région appartenant maintenant à l'Iran. Auparavant, des érudits avaient attiré l'attention sur ce vestige et suggéré un lien entre le Takht semi-légendaire et le temple du Graal, mais c'est seulement lors de la publication de travaux de Pope qu'on s'aperçut de la coïncidence. L'endroit recélait des traces d'un grand dôme central entouré de vingt-deux chapelles (ou arches) ainsi que d'autres détails architecturaux similaires à ceux du *Der Jungere Titurel.* Même la montagne d'onyx était justifiée par la présence de dépôts minéraux autour de la base. Séchés par le soleil, ces dépôts ressemblaient beaucoup à la pierre semi-précieuse.

Les fouilles de Pope confirmèrent également que le Takht avait jadis abrité un observatoire complet, avec des tables astronomiques en or qui pouvaient être modifiées au gré des saisons. Une carte des étoiles se trouvait dans le grand dôme; afin de faciliter un peu plus les observations, l'intégralité de la structure était montée sur un système roulant au-dessus d'un puits caché où des chevaux travaillaient jour et nuit pour l'orienter dans les quatre directions, de sorte qu'à chaque saison l'observatoire se trouvait dans l'alignement idéal. Les écrits de la littérature perse, telle l'épopée de *Shahnama*, renforcèrent la véracité des détails du site. Les rites étaient fondés sur les saisons et la végétation, et, accomplis par les maîtres religieux de la Perse ancienne, ils assuraient la fertilité des terres et la continuité de la vie.

Pope émit l'avis que la splendeur du Takht « devait concentrer, semblait-il, l'attention, la sympathie et la participation des puissances célestes[39] ». Une fois de plus, nous trouvons une expression du désir d'un contact direct avec Dieu dans un temple bâti par l'homme, sans lequel la relation ne pourrait être totale.

À partir de ce stade, la structure de la demeure du Graal change très peu. Elle est généralement située au sommet d'une montagne, entourée par une forêt impénétrable ou par des cours d'eau tumultueux. L'accès, quand il en existe un, se fait souvent par un pont étroit (quoique d'autres variantes existent), et, ce pont ayant souvent une arête aiguë, il a gagné le nom de Pont-Épée. Parfois, afin de rendre l'accès encore plus difficile, le temple tourne rapidement sur son axe, comme les murs du paradis terrestre dans certains textes et, bien sûr, comme « la tour à quatre côtés et qui tourne trois fois » du poème de Taliesin.

En ce lieu est gardé le vaisseau sacré, et sur lui veillent des chevaliers choisis au sein de la famille du Graal. Eschenbach les appelle *templiesen*, templiers, et, même s'il est concevable qu'il ait simplement voulu dire « gardiens du temple », beaucoup ont pensé qu'il établissait une identification avec des hommes dont l'histoire possède ses propres liens avec le Graal.

LES DEMEURES DE DIEU

Si l'on considère l'accumulation d'images qui entourent maintenant le Graal, on ne s'étonnera pas qu'aient proliféré des images de demeures semblables à des temples servant à abriter le vaisseau sacré. On peut penser que ces « demeures de Dieu » ont influencé les images littéraires du château ou temple du Graal. C'est ainsi que le Graal devint, par un itinéraire détourné, associé à un autre édifice, le temple de Salomon à Jérusalem, dont l'histoire est indissociable de celle de l'Arche d'Alliance, un objet qui a beaucoup d'attributs en commun avec le Graal. Il fait également partie de l'histoire d'un peuple élu et de sa communication privilégiée avec Dieu, ce qui peut avoir influencé l'origine de la famille du Graal.

Le temple de Salomon *à Jérusalem est devenu le modèle de tous les temples médiévaux du Graal.*

Bâti pour recevoir la présence de Dieu (la Shekhinah), le temple de Salomon fut la concrétisation d'une idée qui naquit avec la révélation de Moïse, lequel créa le premier Tabernacle destiné à contenir l'Arche, et qui plus tard l'étendit à l'image majestueuse du Temple lui-même. De l'intérieur de cette demeure sacrée Dieu s'exprimait « du haut du propitiatoire, entre les deux chérubins placés sur l'Arche du témoignage » (Exode, XXV, 22). Mais le Tabernacle n'avait jamais été prévu pour devenir une demeure permanente, et Salomon eut pour tâche de fonder un lieu destiné à conserver l'Arche.

Même cet ouvrage resta une simple représentation du Temple céleste, le Trône de Dieu, le Temple non édifié par des mains humaines : il possédait une dimension spirituelle, car il était construit avec les pierres du fleuve Jobel, qui s'écoule du paradis. Ici, on trouve une image derrière l'image. Le lien entre les dimensions céleste et terrestre du temple fait partie du mystère paradisiaque, et par conséquent du Graal, qui à son tour remplit les mêmes fonctions que l'Arche en tant que lieu de rencontre entre l'essence de Dieu et celle de sa création.

On peut porter le raisonnement plus loin, en référence à la tradition kabbalistique, où le temple terrestre posséderait deux aspects : l'un céleste et l'autre divin. Moïse, qui reçoit les plans du Temple d'une façon comparable à celle de Titurel dans le poème d'Albrecht, est autorisé à contempler certains mystères qui prennent place dans la dimension divine. Au-delà existe un sanctuaire plus haut et plus secret, où le grand prêtre n'est autre que le représentant de la Lumière en personne.

Les mystères du Graal, qui en appellent à l'esprit, au cœur et à l'âme, reprennent la division du sanctuaire de Salomon en temples de la terre, du ciel et de la lumière. À Jérusalem, on disait des fidèles entrant dans la cour extérieure du temple qu'ils avaient atteint le paradis ; au-delà, dans le Saint des Saints, où résidait l'Arche (ou la chapelle du Graal), se trouvaient les mystères du monde céleste, où les préoccupations terrestres étaient abandonnées au profit de celles du cœur sanctifié. Parmi ceux qui partirent en quête du Graal, seuls quelques-uns atteignirent ce stade, et ceux qui y parvinrent furent admis au paradis.

DES ÉCHOS DANS LA PIERRE

Le temple de Salomon devait être imité nombre de fois et au moins l'une de ces copies peut avoir influencé le développement de l'histoire du Graal.

Parmi les chevaliers croisés, il était fréquent de prélever des fragments du rocher sur lequel le temple de Salomon s'était jadis dressé. Ils les rapportaient chez eux comme des talismans après leur visite de la Terre sainte et faisaient fabriquer des châsses où les déposer. Un chevalier français nommé Arnoul l'Aîné conserva un tel souvenir chez lui, à Ardres, en 1177. De plus, il rapporta un fragment de la lance d'Antioche (censée être celle de Longinus) et un peu de la manne céleste. Selon la *Chronique de Lambert d'Ardres*[1], rédigée en latin, Arnoul construisit un château entier pour abriter ces saintes reliques.

Ceux qui pensaient que la manne tombait du ciel comprirent que le contenu du Graal était plus important que le réceptacle lui-même.

Ce château était d'un style singulier : il contenait des pièces à l'intérieur des pièces, des escaliers sinueux qui ne menaient nulle part, des loggias et des cloîtres (trait distinctif du château du Graal décrit par Chrétien de Troyes) et « un oratoire ou une chapelle bâtie à la ressemblance du temple de Salomon ». Selon Lambert d'Ardres, c'est là qu'Arnoul installa les objets rapportés de Terre sainte, et on notera que ceux-ci coïncident avec ceux qui accompagnent le Graal. La lance était devenue depuis longtemps l'une des caractéristiques du temple du Graal. La manne, la nourriture céleste, peut être vue comme le pendant de la substance divine contenue dans le Graal. La pierre de Jérusalem rappelle la pierre du Graal décrite par Eschenbach. Rassemblés dans un château ou un temple conçu pour évoquer le temple de Salomon se trouvaient donc tous ces objets sacrés, qui dans ce cas venaient tous de Terre sainte.

Les liens avec Salomon et son Temple ne s'arrêtent pas là. Deux faits importants restent à considérer. Le premier concerne l'Arche d'Alliance, depuis longtemps reconnue comme étant un aspect du Graal. Une tradition conservée dans l'Église éthiopienne soutient que Ménélik, un enfant de Salomon et de la reine de Saba, ôta l'Arche de Jérusalem avant la destruction du Temple. Elle se trouve toujours dans la cathédrale d'Aksoum, dans l'Éthiopie contemporaine. Nommée Tabot (de l'arabe *tabut 'al' ahdi*, l'« Arche d'Alliance »), elle est portée en procession lors de la fête de l'Épiphanie, accompagnée de chants, de danses et de réjouissances rappelant l'époque où « David et toute la maison d'Israël firent monter l'Arche de l'Éternel avec des cris de joie et au son des trompettes » (II Samuel, VI, 15). Une réplique du Tabot existe dans chaque église d'Éthiopie, et, quand elle est assez grande pour posséder un saint des saints, on y entrepose la réplique de l'Arche, comme dans le temple de Jérusalem.

Il se peut que ce soit là l'un des facteurs de l'évolution de l'histoire du Graal. On a remarqué que le thème de la quête d'un objet sacré, entreprise par le fils sans père d'une reine, pouvait fort bien avoir atteint l'Occident, où il a servi de base à une autre histoire d'enfant sans père (Parzifal), qui entreprend une quête semblable. Ajoutons à cela la nature de l'Arche elle-même, ainsi que le fait qu'à part le *Kebra Nagast*, où l'histoire est narrée en entier, la seule autre source connue est arabe ; l'ensemble suggère que le Flegitanis semi-mythique, à qui Wolfram von Eschenbach attribue la source ultime de son poème et qui était aussi d'origine arabe, pourrait avoir été celui qui a diffusé ce récit.

Flegitanis dit du Graal qu'il fut apporté sur Terre par une troupe d'anges, alors que le *Kebra Nagast* raconte comment Ménélik, le fils du roi Salomon et de la reine de Saba, sortit l'Arche d'Israël pour le placer dans un temple protégé, en Éthiopie.

Deux détails peuvent être ajoutés. Nous avons appris comment Lancelot se comporta quand il entra dans la chapelle du Graal face à « l'homme vêtu comme un prêtre » qui officiait lors de la messe. Même si ses intentions sont louables, il ne lui est pas permis de toucher ou même de contempler le mystère. De même, dans le récit du voyage de l'Arche depuis Gebaa, décrit dans le Livre des Rois, lorsqu'il atteignit l'aire de Nacon, les bœufs qui tiraient le chariot de l'Arche se mirent à ruer et à se débattre, et l'Arche commença à verser. Alors « Uzza étendit la main vers l'Arche de Dieu et la saisit, parce que les bœufs la faisaient pencher. La colère de l'Éternel s'enflamma contre Uzza, et Dieu le frappa sur place à cause de sa faute. Uzza mourut là, près de l'Arche de Dieu » (II Samuel, VI, 6-8).

Dans la relation de Robert de Borron, nous trouvons l'histoire de Sarracynte, épouse d'Evelake de Sarras, dont la mère a partagé la garde du Graal et qui l'a conservé

Pendant Timkat *(l'Épiphanie), une fête éthiopienne, les prêtres vêtus de riches tenues portent sur leur tête le Tabot sacré de l'Église de Beta Giorg. Certains commentateurs y ont vu une sorte de Graal.*

Cette illustration singulière tirée d'un manuscrit du XVe siècle montre le païen Flegitanis, en tenue arabe, recevant les enseignements secrets du Graal dans une vision accordée par Dieu.

dans un coffret décrit comme une Arche[9]. Dans ce cas précis, elle est autorisée à toucher l'objet sacré sans en souffrir, mais de tels exemples sont rares. En général, le mystère est trop grand pour qu'on puisse le contempler ou le toucher sans y être préparé. Une visite au temple du Graal doit d'abord avoir lieu, et les périls qu'elle comporte doivent être surmontés avant que la révélation du mystère ne puisse se produire.

LE PLAN DU TEMPLE

L'agencement du temple qui abrite le Graal est en tout point aussi important que l'objet qu'il recèle. Les formes les plus fréquemment rencontrées dans tout temple sont le cercle et le carré. On peut y voir, au moins en partie, un reflet de la polarisation des imageries masculine et féminine, aspect central dans le mythe du Graal. Ceci est corroboré par deux éléments apparemment sans rapport : un dessin incorporé dans le tracé de la cité de Rome et une aventure du chevalier Gauvain au château du Graal.

Le plan de Rome, comme celui du temple du Graal de Titurel, était supposé découler de l'inspiration divine, révélée en songe au fondateur de Rome (Romulus). Il consiste en deux dessins séparés, qui composent ensemble l'image de la cité. Ces deux dessins incorporent le cercle et le carré; comme les quatre murs carrés du paradis terrestre ou la tour à quatre côtés du mythe celte. Rome est bâtie sur le principe du rectangle.

***Gauvain combat un adversaire** pendant que deux dames observent du haut des murailles d'un château. Gauvain était célèbre pour son attirance envers les femmes.*

L'*urbs quadrata* est divisée en son milieu, en hauteur et en largeur par le *cardo* et le *decumanus*. Le *cardo* correspond à l'arbre axial de l'univers, autour duquel tournent les cieux, et il est une sorte de plan artificiel, inspiré par l'astrologie, comme celui du Takht ou du temple du Graal. Le *decumanus* (de *decem*, « dix ») donne la forme d'une croix aux branches égales quand il coupe le *cardo*. Dans ce schéma étaient situés les temples dédiés aux dieux du ciel, le panthéon masculin hérité des Grecs, et près de l'*urbs* et des quartiers résidentiels se dressait la citadelle du mont Palatin, d'une forme circulaire connue sous le nom de *mundus*. C'était la demeure des sombres dieux de l'Autre Monde et l'ancien lieu de vénération de la Terre mère, la Déesse sombre, qui détenait les secrets de la naissance et de la mort. En témoignage de cela, le centre du *mundus* était creusé d'un trou qui descendait dans la terre, recouvert d'une pierre appelée *lapis manalis*, suivant la disposition établie par les temples grecs et adoptée ensuite par les bâtisseurs de Jérusalem.

L'endroit caché au centre représente le culte ancien de la Mère, là où l'on honorait les divinités masculines.

Dans l'un des aspects du temple du Graal, le château des Merveilles, une aventure implique Gauvain, héros solaire dont la force atteint son maximum vers midi et décroît vers le soir. Dans ce récit, il pénètre dans un château circulaire, où il découvre un échiquier avec des pièces qui se déplacent sans être touchées, par la seule volonté de l'un ou l'autre des adversaires. Gauvain entreprend une partie contre un concurrent invisible et perd. De colère, il veut jeter l'échiquier et les pièces par la fenêtre, dans les douves du château, et à cet instant une femme surgit des eaux pour le mettre en garde. Elle est reconnaissable à ses vêtements, qui sont rouges ou noirs et parsemés d'étoiles, comme une incarnation de la princesse du Graal, de Sophia ou de la Shekhinah, chacune étant une gardienne du Graal. Ayant réprimandé Gauvain pour sa légèreté, elle devient son alliée et réapparaît plus tard sous un autre déguisement en le guidant dans sa quête.

On peut voir dans cet épisode un nouvel énoncé des éléments masculin et féminin associé au temple. Gauvain entre dans un *temenos* circulaire (féminin) et y trouve un échiquier carré (masculin), qui est toutefois couvert de cases noires et blanches, apparemment une réconciliation de forces auparavant opposées. Quand il veut se débarrasser de l'échiquier, il en est empêché par un agent du féminin, qui, en l'aidant par la suite, lui apprend la nécessité d'établir un équilibre entre les côtés masculin et féminin de sa propre nature. La dévotion de Gauvain envers les femmes suggère qu'il a peut-être représenté, étant l'un des chevaliers arthuriens connus depuis le plus longtemps, un ancien pouvoir féminin.

L'ARCHE DE SALOMON

Dans cette illustration du XIVe siècle, l'Arche d'Alliance, elle-même une sorte de Graal, est portée à travers le pays de Jordanie jusqu'au temple de Salomon.

Ces images sont confirmées par une autre histoire appartenant à la légende du Graal, qui nous ramène aux thèmes du temple de Salomon et de l'Arche d'Alliance. Chez Malory et ailleurs, on trouve de multiples références au vaisseau de Salomon, ce navire mystérieux qui transporte les chevaliers partis pour leur quête depuis le monde quotidien jusqu'aux lieux du sacré, dans une dimension hors du temps, avant de les ramener. En fait, le navire fait plus que cela, car c'est une machine à voyager dans le temps mystique, programmée pour porter le message du Graal à travers les époques, de celle de Salomon à celle d'Arthur.

Ce vaisseau fut construit non par Salomon mais par son épouse, qui est appelée Sybyll dans la *Légende dorée* et qu'on peut identifier à Bilquis, la reine de Saba. Selon une autre tradition du Graal, elle donna un récipient d'or à Salomon en guise de cadeau de mariage – une coupe qui plus tard fut enchâssée dans la cathédrale de Valence comme représentation du Graal[25].

Selon la *Queste del Saint Graal*, au XIIIe siècle, certains objets furent placés dans le navire, qui était alors à l'abandon, non entretenu, afin qu'il puisse voyager à travers le temps comme à travers l'espace jusqu'à l'époque de la quête du Graal. Ces objets étaient la couronne de Salomon, l'épée du roi David, un grand lit, qu'on disait fait avec le bois de l'Arbre de la Croix, et trois branches de l'Arbre édénique de la connaissance, une rouge, une blanche et une verte, disposées pour former un triangle au-dessus du lit où un baldaquin pouvait être suspendu.

Nous ne devrions pas nous étonner de voir des images du paradis dans le navire de Salomon, car ce vaisseau est manifestement une image du Temple, cette fois flottant sur la mer du temps, et sa destination est le pays du Graal. Mais le détail le plus important est peut-être qu'il contient du bois tiré de l'arbre qui, dit-on, poussa d'une branche arrachée dans l'Éden par Adam et Ève et plantée dans la terre. Au Moyen Âge, une croyance répandue voulait que ce soit du bois de cet arbre qu'ait été construite la croix de la crucifixion, tandis qu'une autre partie du bois était utilisée pour fabriquer l'Arche d'Alliance. La présence de ce bois dans le temple flottant qu'est le vaisseau de Salomon induit de nombreuses spéculations. Ce navire, construit sur l'ordre de l'épouse de Salomon, devient la double expression de l'archétype féminin, souvent considéré comme un réceptacle, et parfois montré iconographiquement sous l'aspect d'un navire. Il devient le prototype de toute l'imagerie traditionnelle du vaisseau humain, des entrailles de la terre et des entrailles de la femme. Marie est un Graal vivant, qui porte en elle la Lumière du monde et le sang qui un jour sera versé dans le Graal. En ce temple féminin sont placées les images de la royauté, l'épée et la couronne, avec trois branches de l'Arbre de la connaissance, colorées en rouge, en blanc et en vert, qui sont également les couleurs du processus alchimique. Décrypté ainsi, le mythe devient clair : il peut être vu comme une expression du masculin contenu dans le féminin – le carré dans le cercle, images du temple du Graal dans tous ses aspects.

Toujours dans le même récit, les chevaliers voyagent ensemble pendant quelque temps dans le mystérieux vaisseau. Lorsque la guérison du Roi blessé est achevée, l'acte final pour Galahad et ses compagnons consiste à porter le vaisseau sacré à Sarras, la

Dans ce tableau d'Edwin Austin Abbey datant du XIXe siècle, les chevaliers Galahad, Perceval et Bors font voile vers la cité sainte de Sarras à bord du vaisseau de Salomon.

cité sainte qui est elle-même une représentation du paradis terrestre. Ils le font à bord du temple flottant de Salomon, et Galahad s'étend sur le grand lit qui a été construit avec le bois de la Croix. Symboliquement, il subit une sorte de crucifixion, et c'est là un exemple des comparaisons fréquentes effectuées durant la période médiévale entre Galahad et le Christ.

LE TEMPLE HUMAIN

Le corps humain peut être perçu comme un temple. Ce concept apparaît dans l'Égypte des pharaons, sinon plus tôt dans les cavernes abritant les premiers représentants de l'humanité, et se perpétue à travers les écoles de pensée platoniciennes et néoplatoniciennes, puis pendant la période médiévale. Pour ces penseurs, le temple était une expression de la beauté et de l'unité de la création dans un microcosme ; il trouvait son reflet dans l'âme et devenait un moyen de contempler l'intégralité de la création.

C'est là l'origine du temple de lumière (le *haykat al-nur*), le temple macrocosmique qui occupe le cœur du mysticisme islamique, et dont le mystique soufi Ibn al-Arabi dit : « Ô temple ancien, pour toi s'est levée une lumière qui brille en nos cœurs[1]. » Le commentaire qui accompagne ce passage précise : « Le cœur gnostique, qui contient la réalité de la vérité, est le temple. »

Nous revenons au temple du Graal salomonique, l'image transformée et altérée, assemblée à celle du paradis terrestre.

LES OBJETS SACRÉS DU CŒUR

Tous les temples sont par définition incomplets. Ils ne peuvent être achevés que par la participation de Dieu, qui doit descendre vers les fidèles et accepter les prières qui montent vers lui pour louer sa création. Il en est ainsi du Graal, qui doit être complété par des objets sacrés, comme par le contact qui transforme le vin en sang et le pain en chair. Le Graal devient complet lorsqu'il est rempli, et c'est pour cette raison que sa forme la plus fréquente est celle d'un calice. Dans le temple humain, cette vérité s'exprime par le besoin de s'élever.

En ce qui concerne la réponse de l'humanité à la voix de Dieu, le Verbe, l'enseignement gnostique déclare : « L'homme stupide entend l'appel, mais il ignore quel est

est l'endroit d'où provient cet appel. Et il n'a pas demandé [...] où se trouve le temple dans lequel je devrais me rendre pour vouer un culte à mon espoir[46]. » On pourrait difficilement être plus clair. Dans la quête du Graal, le fait de ne pas poser une question importante est la cause de l'échec de maints chevaliers qui atteignent le château. C'est l'échec de Lancelot, et celui de tous ceux qui n'écoutent pas la voix de la lumière.

L'enseignement kabbalistique dit que « le temple a été détruit, mais non le chemin de la purification, de l'illumination et de l'union qui demeure caché en lui ». Car l'âme devenue parfaite de l'humanité « s'élève comme l'encens de l'autel d'or du cœur et traverse les voiles les plus intérieurs de son être pour atteindre le saint des saints en lui[38] ». Alors les deux chérubins qui veillent sur l'Arche d'Alliance (du cœur) « sont unis dans la présence de Celui en qui l'âme reconnaît sa vie éternelle et sa propre union avec Lui. C'est pourquoi l'âme est appelée le "vivant" éternel [*hayah*], l'"unique" [*yehidah*], le parfait[38] ». La lumière est venue comme des langues de feu sur tous ceux qui atteignent le centre du temple et y trouvent le Trône de Dieu dans le cœur de Sa création.

Tel était le but de la famille du Graal, des *Templiesen* de Wolfram von Eschenbach, des prêtres-rois qui bâtirent le Takht-i-Taqdis ou les temples de Rome. Avant eux c'était le désir de ceux qui découvrirent l'idée d'un vaisseau sacré et qui érigèrent leurs cercles de pierres levées pour faire écho à la danse du cosmos, attendant le moment où Dieu descendrait et comblerait leur quête.

LES DISCIPLES DE LA GNOSE

Au XIIIe siècle, le Graal, tel qu'il est décrit dans la littérature de l'époque, avait une demeure permanente et était surveillé par des gardiens uniques : une famille choisie par Dieu pour veiller sur la plus sacrée des reliques. Mais la famille du Graal n'était pas entièrement une invention d'écrivains tels que Robert de Borron ou Wolfram von Eschenbach. Des événements historiques transparaissaient dans ces romans d'une manière extraordinaire, jusqu'à ce qu'il soit impossible de dire avec certitude lequel influençait l'autre. Pour comprendre, il faut suivre à la trace un ensemble cohérent d'idées qui ont affecté le développement de l'histoire du Graal.

Nous avons déjà vu comment les premières sectes gnostiques avaient influencé l'histoire du Graal à travers des fables comme « La Chanson de la perle ». Le gnosticisme fut seulement l'un des nombreux concurrents pour le contrôle du christianisme pendant des années, quand les doctrines en étaient encore au stade de la codification. Il échoua à peu près à la même époque, qui vit les hordes barbares déferler sur l'Europe, éclipsant un riche héritage classique. L'Empire byzantin maintint certaines traditions anciennes, dont celles des gnostiques. L'Église et l'État s'unirent pour se consolider contre les attaques d'insurrections armées. Pendant que le christianisme luttait pour affirmer sa puissance sur l'Europe, en utilisant des pratiques et des coutumes locales, la vision gnostique était transportée en Orient et en Occident par deux groupes, les manichéens et les cathares. C'est ce second groupe qui nous intéresse ici.

LES ASPIRANTS À LA PERFECTION

Alors que les manichéens se déplaçaient à pied en direction de l'Orient, les cathares allaient vers l'Occident par la Bulgarie et l'Italie, pour arriver en France et en Espagne. Pour les manichéens comme pour les cathares, la chair et la matière étaient considérées comme des créations du Démiurge du mal, dans lesquelles des fragments de la lumière originelle étaient emprisonnés. Était mis en avant un dualisme ultime, dans lequel le bien et le mal étaient en polarisation éternelle. Les agents de la lumière avaient été capturés et rendus uniformes dans les couleurs de l'obscurité.

De telles notions duales constituaient un problème récurrent dans le christianisme. L'Incarnation et la Rédemption étaient des concepts souvent mal compris. La terre et ses créatures n'étaient pas source de joie pour un paysan médiéval labourant les terres de son seigneur, pas plus que pour sa femme écrasée par le travail et la charge d'enfants nombreux. Le répit ne survenait que durant les jours de fête, et avec la mort. Les croyances cathares offrirent une réponse naturelle à ce genre de vie, en représentant la création comme une cause de chagrin, la matière comme une prison pour l'étincelle divine. La nourriture, la sexualité et la consommation des biens de ce monde étaient soit rejetées comme étant sans valeur, soit décrites en termes de séparation entre le corps et l'esprit. Les cathares souhaitaient échapper à cette condition. Ils recherchaient avec un zèle passionné la vie spirituelle. La pureté spirituelle ne pouvait avoir affaire avec le corps, et pour cette raison les cathares professaient que le Christ « semblait » seulement être né d'une femme et « semblait » être mort sur la Croix. De même, les sacrements, qui exaltent la matière considérée comme un portail ouvrant sur la grâce spirituelle, étaient rejetés.

Les cathares étaient classés en trois ordres : les auditeurs, les croyants et les parfaits. Ces parfaits atteignaient à leur condition en renonçant au mal, par l'abstinence sexuelle et par le refus de consommer de la viande. Eux seuls étaient capables de réconcilier les pécheurs par l'intermédiaire d'un rituel appelé *consolamentum*, un moyen sacramentel de purification. Il était impossible à réitérer et ses effets définitifs : si un parfait tombait dans le péché après avoir reçu le *consolamentum*, tous ceux qui pouvaient obtenir la purification de ses mains devenaient eux aussi pécheurs, et une chaîne du mal se créait.

La vigilance et un haut degré d'intégrité caractérisaient le catharisme. Souvent, le *consolamentum* n'était dispensé qu'au moment de la mort, quand tout péché était pardonné. Les femmes étaient admissibles au statut de parfait ; les veuves s'occupaient de la communauté, élevaient les enfants et pratiquaient le mode de vie cathare. C'était une forme de christianisme idéal, mais dualiste à la base.

Leur vie simple, leur alimentation frugale, l'imposition des mains, le célibat et leur adhésion à l'Évangile de saint Jean en faisaient des modèles de foi ; quoique stricts, ce n'étaient pas des fanatiques haïssant la vie qui cherchaient à refréner tous les aspects de la chair afin d'arriver à la perfection. Ils se vouaient à atteindre le but le plus élevé de la réalisation humaine – sur le plan spirituel – et ne voyaient d'autre solution que l'exclusion de la matière grossière, afin de pouvoir se concentrer sur les objectifs intérieurs plutôt que sur la procréation ou sur l'acquisition des biens matériels. En cela ils ne différaient pas des moines qui dans le désert recherchaient Dieu et portaient le cilice pour se remémorer constamment le mal inscrit dans le corps physique. Ces deux groupes cherchaient à connaître Dieu

Montségur, *dans les Pyrénées, fut l'ultime refuge des cathares. Ici, le château est assiégé par les armées papales.*

La chute de l'ange Lucifer, *imaginée par Gustave Doré en 1861. Pour les cathares, Lucifer était le véritable maître de la Terre.*

intérieurement et à connaître un point d'union spirituelle qui, croyaient-ils, ne pouvait être atteint que s'ils renonçaient à la chair et menaient une vie ascétique. Plus on parcourt les annales de la philosophie médiévale, plus on constate que les différences entre les catholiques et les cathares étaient marginales. Ils partageaient un profond désir de revenir à l'état d'innocence et de pureté.

Pour les cathares, le Dieu d'Israël était un faux dieu, une version fantoche du Créateur qui avait envahi le monde et perverti le dessein originel en imprégnant la matière de la souillure du mal. En cela, ils montraient l'influence de la doctrine gnostique. Reconnaissant l'existence du mal, la solution gnostique était de retirer à Dieu la responsabilité d'avoir créé le monde visible. À sa place, ils voyaient une cause première distante, Dieu, le père de Lumière, de qui le Démiurge, véritable créateur de notre monde, n'était qu'une représentation fragmentaire. Par cet acte de fausse création, une partie de la lumière originelle s'était retrouvée emprisonnée dans le corps des premiers hommes, et par conséquent l'objectif des gnostiques était de provoquer la libération de cette « étincelle divine » et sa réunion avec le vrai Dieu. Ils bénéficiaient de l'aide du Christ, fils du vrai Dieu, envoyé dans ce monde matériel pour aider à sa rédemption.

Ainsi avait commencé l'humanité, presque par accident, avec des parcelles de la lumière originelle emprisonnée dans chaque être humain; chaque parcelle devait s'épuiser à tenter de se réunir à Dieu. Le drame de l'exil, qui allait se jouer de nouveau dans l'histoire du paradis, est fermement enraciné dans la croyance gnostique. Le temps venu, le Graal lui-même serait vu comme un chemin vers l'état perdu originel d'innocence, un portail entre les mondes de la matière et de l'esprit, des ténèbres et de la lumière pure.

Dans divers textes gnostiques, Lucifer, le prince de Lumière, apparaît comme le principal héros de cette lutte, comme son nom le suggère, pour porter la lumière dans les ténèbres de la création injustifiée. On voit bien comment Wolfram von Eschenbach a pu rencontrer cette idée et en faire un thème central de son poème.

LES PARFAITS

Beaucoup d'autres idées gnostiques furent reprises par les cathares, qui, au début du XIe siècle, s'étaient implantés dans le Languedoc. Là, des centres d'étude, de musique, de philosophie et de médecine s'épanouissaient, inspirés par ceux de l'Orient, avec qui les relations étaient bien établies. Dans toute cette région existait un mouvement très dynamique de traduction des manuscrits arabes et de recherches kabbalistiques. La médecine, la philosophie, la science et l'alchimie orientales y étaient enseignées et discutées.

Les prêtres cathares voyageaient loin et dans toutes les directions, consolidant leur emprise sur les populations du sud de la France et étendant leur sphère d'influence jusqu'en Italie et dans certaines parties de l'Allemagne et de l'Espagne. Leur importance grandissante finit par alerter le pape Innocent III. Elle attira également l'attention d'un grand théologien, saint Bernard de Clairvaux, qui joua plus tard un rôle important dans l'histoire du Graal. Il attaqua les hérétiques du Languedoc et déclara qu'ils n'avaient pas de « vrais » prêtres.

Saint ***Dominique de Guzmán****, représenté ici dans un détail du* Sacre de la Vierge *par Fra Angelico, fut l'adversaire principal des cathares.*

Un nouvel ordre de religieux fondé par l'Espagnol Dominique de Guzmán se mit à sillonner les routes à la poursuite des parfaits. Dans un premier temps, ces « frères prêcheurs » dominicains tentèrent de dissuader les cathares par des discours policés, puis les controverses devinrent de plus en plus violentes.

Lorsque les avertissements verbaux échouèrent, on envisagea des mesures plus fortes et, quand, en 1208, le légat du pape, Pierre de Castelnau, fut assassiné sur l'ordre de Raymond VI, comte de Toulouse, le pape saisit ce prétexte

pour lever une croisade contre les cathares. Les nobles du nord de la France ne furent que trop heureux de lancer une « guerre sainte » contre leurs rivaux plus riches et plus cultivés.

La croisade des albigeois (ainsi nommée d'après la ville d'Albi, centre de diffusion de la doctrine cathare) fut lancée dès 1208. Dans les dix ans qui suivirent, des milliers d'hérétiques périrent exterminés par les croisés ou sur les bûchers des dominicains. Simon de Montfort, le plus célèbre de ces croisés, ordonna d'incendier une garnison entière en déclarant : « Tuez-les tous, Dieu reconnaîtra les siens. »

Les hérétiques cathares furent chassés du Languedoc pour finir torturés et tués.

Pendant et après le massacre des cathares, une rumeur persistante circula selon laquelle ils détenaient une connaissance secrète du Graal ou en étaient les gardiens. Bien qu'aucune preuve n'ait été rapportée, il existe quelques parallèles entre les croyances cathares et la nature du Graal.

LA MONTAGNE DU GRAAL

Peu avant de mourir sur le bûcher de l'Inquisition, l'évêque cathare Girard de Montefiore déclara :

> *Je ne suis pas le seul que l'Esprit-Saint visite. J'ai une vaste famille sur terre, et elle comprend un grand nombre d'hommes à qui, certains jours et à certains moments, l'Esprit donne la lumière*[34].

De telles paroles auraient pu être prononcées par l'un des rois du Graal dans n'importe quel texte et se seraient alors référées à la famille du Graal, effectivement visitée par l'Esprit-Saint « certains jours et à certains moments », comme dans le poème de Wolfram von Eschenbach où une colombe descend chaque jour du ciel pour déposer une hostie sur la pierre du Graal.

L'idée que les cathares détenaient une connaissance secrète du Graal s'accrut jusqu'à devenir un fait établi, peut-être parce que, comme les cathares eux-mêmes, le Graal représentait une alternative aux enseignements du Christ. Cette association est démontrée par un incident qui eut lieu lors du siège final de Montségur, la grande citadelle perchée dans les Pyrénées qui résista longtemps aux armées du Nord.

Montségur, dont le nom ressemble beaucoup à Montsalvache, le nom de la montagne où se trouve le Graal dans *Parzifal* et dans d'autres textes, était administré par la comtesse Esclarmonde de Foix, peut-être la plus célèbre des parfaits féminins. Elle était tellement estimée que beaucoup refusèrent de croire à sa mort après la destruction de Montségur et préférèrent penser qu'elle dormait dans les caves qui s'étendaient sous le château. Beaucoup l'identifiaient à la princesse du Graal, Repanse de Schoye.

C'est dans ces circonstances que l'incident se produisit. Pendant le long siège de Montségur, un membre de la famille d'Esclarmonde, le flamboyant Pierre-Roger de Mirepoix, revêtit une armure blanche et apparut au sommet des remparts de la citadelle avec une épée à la garde dorée qu'il brandit haut. À sa vue, maints assiégeants s'enfuirent, terrorisés, en déclarant qu'un « chevalier du Graal » était venu les combattre.

Une autre histoire, probablement apocryphe, décrit comment la coupe originelle de la Cène fut cachée dans la grotte de San Juan de la Pena en 713 (encore qu'on ne dise pas comment elle arriva là) par un évêque aragonais, Audebert. Quand les Maures menacèrent l'Aragon, au début du XIIe siècle, la coupe fut emportée dans les Pyrénées, où les cathares veillèrent sur elle. Quand ceux-ci furent massacrés, la coupe regagna l'Espagne et fut cachée de nouveau dans la même grotte, cette fois sous la protection de Martin Ier, roi d'Aragon. Plus tard, cette coupe fut identifiée comme étant celle conservée dans la cathédrale de Valence, dont la tradition prétendait qu'il s'agissait du Graal. Qu'on accepte ou non cette légende, on notera que c'est aux cathares que le précieux objet aurait été confié.

Montségur tomba. Ses défenseurs furent tués ou brûlés sous les remparts. Aujourd'hui encore, ce lieu baigne dans une atmosphère d'horreur diffuse que beaucoup de visiteurs ressentent. Si c'était la demeure du Graal, elle n'a rien conservé de son caractère sacré. Quoi qu'il en soit, l'histoire raconte que, la nuit où la citadelle tomba, quatre des parfaits s'échappèrent et partirent dans les montagnes, emportant avec eux les livres saints et d'autres trésors – parmi lesquels, dit-on, une certaine coupe...

Qu'ils aient ou non emporté le Graal n'a pas de réelle importance pour notre propos. Si quelques parfaits parvinrent à s'échapper, ce qui semble plausible, ils emportèrent avec eux les secrets de leur foi. Pour chaque centaine d'hérétiques, cinquante réussirent à fuir dans les montagnes et au-delà, en Italie et en Allemagne, où leurs trésors furent dispersés.

Mais leur doctrine survécut, comme en témoignent les traditions de la connaissance ésotérique ; certains de leurs livres sacrés se retrouvèrent dans les mains des rosicruciens, que nous rencontrerons dans le chapitre suivant et qui véhiculèrent le savoir des cathares pendant les siècles suivants.

Des éléments de la foi cathare filtrent dans les textes du Graal. Dans le poème de Chrétien de Troyes *Lancelot*[17] qui précède son œuvre sur le Graal, les chevaliers du roi Arthur, après la communion, se donnent mutuellement le baiser de paix, en accord avec la coutume orientale que les cathares adoptèrent dans leur rite de la *manisola*, la fête de l'Amour, qui suggère elle-même l'image de la Cène et le festin du Saint-Graal.

***Le soleil se lève** sur la forteresse pyrénéenne de Montségur où les cathares livrèrent leur dernière bataille contre les armées de l'Église.*

Les cathares, avec leur vision de la nature malfaisante de la chair et leur désir de transcender leur humanité pour trouver l'unité avec le Dieu de Lumière, étaient emplis d'une angoisse spirituelle qui les poussait au plus haut degré de privations. Ils se purifiaient pour devenir les réceptacles de la lumière dans un rituel, l'*endura*, qui incluait de nombreuses heures de jeûne, parfois jusqu'aux limites de la mort. C'est cela, plutôt que l'idée qu'ils aient pu posséder le Graal, qui fait d'eux des membres de la famille universelle du Graal.

L'HÉRÉSIE D'AMOUR

Il existe des preuves que les troubadours, qui incorporaient un grand nombre de croyances orientales dans leurs œuvres, n'ignoraient pas la doctrine cathare. Leurs voyages incessants les menaient souvent dans les régions où les cathares étaient le mieux implantés. L'un des troubadours les plus importants, Pierre Vidal, écrivit une chanson pour vanter la vertu d'hospitalité, qui apparaît assez innocente en surface, mais qui l'est beaucoup moins quand on se rend compte que tous les châteaux et hospices cités étaient soit cathares, soit situés dans des zones où les cathares étaient particulièrement actifs.

Malgré une célébration en surface de l'amour physique, les troubadours exaltaient la vertu de chasteté. Et, comme les parfaits, ils recevaient de leur dame un unique baiser d'initiation. Ils distinguaient également deux stades dans le culte voué à la dame de leur cœur, tout comme les cathares établissaient une distinction entre les croyants et les parfaits. Les deux groupes vilipendaient le clergé et ses alliés, les membres de la caste féodale. Ils préféraient mener une vie d'errance, en recherchant la transformation qui était une part centrale de la quête du Graal.

Le seul problème qui semble interdire toute identification trop poussée entre le catharisme et l'éthique des troubadours – le rejet de l'amour physique pour le premier contre sa célébration pour l'autre – disparaît si on accepte le fait que les troubadours ne glorifiaient pas l'amour physique, mais plutôt une vénération abstraite et distante de la gent féminine : le divin féminin lui-même.

L'amour courtois émergea de ce mélange détonant entre les hérésies de l'esprit et de la chair, qui à son tour alimenta l'explosion des récits médiévaux sur le Graal. Il existe une chaîne naturelle de succession menant des troubadours et des cathares (tous deux héritiers des croyances gnostiques) aux récits médiévaux sur Arthur et la quête du Graal. Tous résultent d'une soif de connaître la vérité originelle, d'un contact plus intense avec la divinité et d'un désir de revenir à la demeure première (le paradis terrestre, le paradis céleste ou l'Autre Monde).

LES GUERRIERS DE DIEU

Un troisième groupe lié aux pratiques gnostiques s'associe ensuite à la famille du Graal ; que ce soit dû à une affirmation dans le *Parzifal* de Wolfram von Eschenbach ou à une vérité plus profonde reste un sujet de spéculation.

Le chevalier bourguignon Hughes de Payns, avec huit compagnons de croisade, fonda en 1118 un ordre de chevalerie voué à la pauvreté, à la chasteté et à l'obéissance. Cet ordre se constitua « en l'honneur de Notre-Dame » pour protéger les routes de pèlerinage vers la Terre sainte. C'était une idée neuve en Occident. La volonté de combiner une existence monastique avec les règles de la chevalerie dut paraître étonnante autant qu'originale. On en sait pourtant peu sur le fondateur lui-même, sinon qu'il se décrit comme un « pauvre chevalier » et qu'il possédait un petit fief à Payns, à quelques kilomètres de Troyes.

Hughes de Payns était parent de saint Bernard de Clairvaux. C'est à lui qu'Hughes écrivit, l'implorant de patronner le nouvel ordre et de lui donner une règle. Après quelques hésitations, saint Bernard souscrivit à cette cause, et c'est en grande partie grâce à son influence que l'existence de l'ordre fut ratifiée lors du concile de Troyes en 1128. Ses membres devaient porter une tenue blanche frappée d'une croix rouge sur l'épaule droite, et on leur donna pour quartier général en Orient l'édifice dont on disait qu'il avait été le temple de Salomon. C'est de là qu'ils reçurent leur nom : les Templiers.

Dès lors, l'organisation militaire la plus célèbre du Moyen Âge se développa. Les Templiers devinrent la « police » permanente du petit royaume de Jérusalem, déchiré par la guerre. Ils combattirent avec la plus grande détermination, et ils étaient craints autant par les musulmans que par les chrétiens. La règle de saint Bernard était très stricte, qui les obligeait à renoncer à leur foyer et à leur pays, et à combattre jusqu'à la mort pour les lieux saints de la chrétienté. Par chasteté, ils devaient dormir habillés, dans des dortoirs éclairés, ils n'avaient pas le droit de recevoir de courrier privé, et toute communication devait être lue à haute voix devant l'ensemble de leurs compagnons. Ils devaient assister à la messe au moins trois fois par semaine, où qu'ils se trouvent, accepter tout combat qui se présentait à eux sans se soucier du rapport de force, sans jamais demander ni accorder grâce.

La seule tutelle de Bernard suffit pour que grossissent rapidement les rangs de l'ordre. Bientôt, celui-ci entreprit la construction d'un réseau de châteaux, appelés « commanderies », en Terre sainte et en France, en Angleterre et partout en Europe. Leur pouvoir et leur puissance croissaient, leurs richesses s'accumulaient à l'avenant. Si chaque chevalier renonçait à toute possession personnelle, tous les donnaient librement à l'ordre, ainsi que les trésors qu'ils gagnèrent dans leurs combats contre les Arabes. Avec le temps, ils acquirent de si grandes richesses et une telle importance qu'ils devinrent virtuellement les banquiers de l'Europe, prêtant des sommes considérables pour aider à financer les croisades. Cependant, à mesure que se développait leur pouvoir politique, le nombre de leurs ennemis se multipliait. Finalement, le roi de France Philippe le Bel, avide de s'emparer de leur immense fortune, complota pour provoquer leur chute – et ce, sous le prétexte le plus ahurissant qui soit.

Philippe accusa l'ordre d'hérésie, et en une seule nuit la majeure partie des Templiers fut capturée. Ils furent torturés et, sous la douleur, admirent tous les crimes qu'on voulait, de la sodomie au fait de cracher sur la croix. Le dernier grand maître des Templiers, Jacques de Molay, fut exécuté le 19 mai 1314, signant ainsi la fin effective de l'ordre près de deux cents ans après sa fondation. Tels sont les faits. Derrière eux se cache une histoire encore plus remarquable, liée à celle du Graal.

***Le grand sceau des Templiers** représente deux chevaliers montant un unique cheval, symbole de leur vœu de pauvreté et de leur compagnonnage.*

Le grand château ou Krak des chevaliers *illustrait la puissante présence des croisés en Terre sainte. Il se peut qu'il ait influencé l'idée du château du Graal.*

UNE NOUVELLE CHEVALERIE

De nombreux faits méritent d'être soulignés. Tout d'abord, il y a le nom, qui, bien que dérivé du temple de Salomon, selon la version officielle, les rapproche également des gardiens du Graal. Puis ce lien avec Bernard de Clairvaux. En plus de la règle, qu'il rédigea à la demande d'Hughes de Payns (à qui il la dédia), il écrivit un *Traité à la louange de la nouvelle chevalerie*[5], où il parle de l'ordre en des termes étrangement similaires aux chevaliers du Graal :

> *Il semble [...] qu'une nouvelle chevalerie est récemment apparue sur cette Terre, précisément dans cette partie que l'Orient d'en haut visita dans la chair [...]. Elle mène sans cesse une guerre double contre la chair et le sang, et contre l'armée spirituelle du mal dans les cieux*[5].

Même si l'Église se considérait depuis longtemps comme l'armée de Dieu, ce concept n'avait jamais été poussé jusqu'à l'extrême en armant des moines. Ces deux idées paraissaient s'exclure. Pourtant, c'est précisément ce que les Templiers devinrent, des moines et des soldats « doublement armés », de sorte qu'ils « ne craignent ni les démons ni les hommes ». Saint Bernard ajoutait que « ce sont les troupes choisies par Dieu » et les exhortait ainsi : « Précieux aux yeux du Seigneur est le trépas des saints, qu'ils meurent au combat ou dans leur lit, mais la mort au combat est plus précieuse car elle est plus glorieuse [...]. S'il [le chevalier] combat pour une juste cause, l'issue de ce combat ne peut jamais être le mal[5]. »

Saint Bernard de Clairvaux *ayant une vision de Marie, la mère de Jésus, en qui les Templiers voyaient leur inspiration divine.*

Pourtant ces hommes, dont Bernard disait qu'ils seraient « en compagnie des hommes parfaits » (terme qui rappelle curieusement les cathares), sont plus tard vilipendés, et leur ordre discrédité et détruit. Dans la liste des crimes religieux ou profanes dont sont accusés les Templiers, on trouve l'hébergement des cathares et l'amitié avec la secte islamique des ismaéliens, leur équivalent le plus proche en Orient. Il est possible que ces deux accusations soient fondées, du moins en partie. L'ordre accueillait effectivement les malfaiteurs, à condition que ceux-ci renoncent à leur ancienne vie et obéissent à la règle templière. La période de probation était longue, cependant, et la discipline très stricte. Il est aussi très probable que certains des cathares ayant fui le sud de la France soient entrés dans l'ordre et l'aient même influencé de l'intérieur. On remarquera que les Templiers étaient connus pour accepter les hommes ayant un passé contestable, et que des documents suggèrent une forme curieuse d'absolution pour de tels hommes. Elle aurait été énoncée en ces termes :

> *Je prie Dieu qu'Il te pardonne tes péchés comme Il a les a pardonnés à sainte Marie-Madeleine et au voleur qu'on a mis sur la croix*[34].

Galcerand de Teus, le Templier qui accordait cette absolution, fut contraint sous la torture d'admettre que le « voleur » devait être compris comme étant le Christ (plutôt qu'un des voleurs crucifiés avec Jésus). Il ajouta qu'au moment où la lance de Longinus perça le flanc du Messie,

> *il se repentit d'avoir dit qu'il était Dieu, le roi des Juifs, et s'étant ainsi repenti de son péché, il demanda pardon au vrai Dieu et c'est ainsi que le vrai Dieu l'épargna*[34].

Cette « confession » remarquable est étonnamment proche des croyances des cathares, mais elle rappelle aussi les anciens enseignements gnostiques. Il est également significatif qu'elle place cet épisode au moment où le flanc du Christ est percé par la lance, laquelle sera plus tard identifiée comme étant la lance du Graal.

LE MANDYLION

Comme si ces liens ne suffisaient pas, il a été suggéré que les Templiers étaient peut-être les gardiens d'une relique d'une telle importance qu'elle éclipsait même le Graal – même si les deux sont liés. Selon cette théorie, l'objet connu sous le nom de Mandylion passa par les mains des Templiers quand ils étaient à l'apogée de leur pouvoir et ce même objet, qui semble avoir été une pièce de tissu, replié plusieurs fois et tendu sur un châssis de bois, pourrait avoir été le linceul du Christ, perdu pendant le siège de Constantinople mais qu'on aurait dissimulé sous cette forme pour éviter qu'il ne tombe aux mains des musulmans. Cette relique se trouve dans la cathédrale de Turin et demeure le sujet de controverses continuelles et d'études scientifiques internationales.

Si cette théorie est juste, non seulement elle présente les Templiers comme détenteurs d'une relique sacrée, mais elle explique aussi en partie un autre des « blasphèmes » dont ils furent accusés. Il concerne l'adoration d'une idole sculptée appelée Baphomet (on estime généralement que c'est là une déformation de Mahomet), qui aurait eu l'apparence d'un homme barbu portant une couronne.

Il pourrait s'agir du Mandylion, replié afin de ne laisser apparaître que le visage barbu du Christ, marqué des plaies causées par la couronne d'épines. L'un ou l'autre de ces objets pouvait rappeler la tête sur le plateau dans la vieille histoire galloise de

Peredur sur laquelle Chrétien de Troyes a presque certainement fondé son récit du Graal.

Deux des plus importants textes du Graal vont dans ce sens. Dans celui du XIIIe siècle *Perlesvaus*[8] et dans la *Queste del Saint Graal*[36], d'inspiration cistercienne, qui fut d'ailleurs composée au monastère de saint Bernard, à Clairvaux, on trouve des échos de cette image mystérieuse. Dans *Perlesvaus*, le roi Arthur lui-même est témoin de la messe du Graal, et lorsqu'il dirige son regard vers l'autel :

> *Il lui sembla que le saint ermite [qui officiait] tenait entre ses mains un homme saignant du flanc et à ses paumes et ses pieds, et couronné d'épines*[36].

Quelqu'un portant le Mandylion entre ses mains et l'élevant au-dessus de l'autel pouvait être décrit comme vénérant une tête sacrée.

Dans la *Queste*, Galahad assiste à la messe dans le temple de Sarras, la cité sainte du Graal. Là, le vaisseau est conservé dans une arche posée sur une table d'argent – image qui évoque non seulement le temple de Salomon mais aussi la maquette du Saint-Sépulcre qu'on trouvait dans chaque commanderie templière partout dans le monde.

Nous avons donc les Templiers, casernés sur le lieu du temple de Salomon, gardant une relique sacrée, montrant une dévotion particulière envers la Vierge et soutenus par saint Bernard ; ces éléments ont un lien avec l'histoire du Graal. Approuvés par le pape et obéissant à une règle rédigée par l'un des hommes d'Église les plus respectés du monde occidental, les Templiers en vinrent à représenter l'exemple le plus élevé du pouvoir temporel… pendant un temps.

L'ensemble de la chrétienté s'était habitué au concept de chevalier. Les Templiers étaient des sortes de super-chevaliers, qui unissaient les talents du combattant à la ferveur spirituelle du moine. Il n'y a donc rien d'étonnant à ce que ceux qui écrivirent sur le Graal aient pris leur ordre pour modèle, non seulement pour la chevalerie du Graal mais aussi pour la compagnie de la Table ronde.

__Cette peinture du Greco__, au XVIe siècle, représente sainte Véronique avec le saint suaire. Il se peut que le tissu replié, connu sous le nom de Mandylion, ait influencé les descriptions du Graal.

LE ROI CACHÉ

L'histoire de la famille du Graal est ininterrompue. Des références à ceux qui gardent le Graal apparaissent à des moments singuliers dans les chroniques. Parmi ces gardiens dont les noms sont connus, un se détache. Nous ne pouvons terminer ce résumé sur la famille du Graal sans nous intéresser à lui. Une fois encore, la source est le poème de Wolfram. Selon ce récit, Feirefiz, le demi-frère sang-mêlé de Parzifal, épousa la princesse du Graal Repanse de Schoye, eut d'elle un fils appelé Lohengrin, lequel à son tour engendra un personnage encore plus grand, plus mystérieux et plus puissant.

La première mention de ce personnage, qui n'est guère plus qu'une rumeur, vient d'une chronique médiévale qui pour l'année 1145 relate qu'un certain évêque Hugh de Cabalah visita Rome, où il apprit comment, quelques années plus tôt :

> *Un certain prêtre et roi nommé Jean, qui vit aux confins de la Perse et de l'Arménie, dans l'Orient lointain, et qui est chrétien, ainsi que l'est tout son peuple [...] avait triomphé des frères royaux samiardes, rois des Mèdes et des Perses, et avait pris Ecbatane, leur capitale et lieu de résidence [...]. Ledit Jean se porta au secours de l'Église de Jérusalem; mais quand il eut atteint le fleuve [Tigre], il ne fut pas en mesure de faire traverser son armée sur aucun bateau. Il se dirigea alors vers le nord, où il apprit que tout était gelé par le froid de l'hiver. Il attendit là le dégel, mais à cause des intempéries [...] [il fut] obligé de rentrer chez lui après avoir perdu une grande partie de son armée à cause du climat inhabituel*[50].

Pour donner un peu de couleur à son récit, le chroniqueur ajoute que le Prêtre Jean est « de la lignée des Mages qui sont mentionnés dans l'Évangile, et règne sur le même peuple qu'eux, savourant une telle gloire et une telle prospérité qu'on dit qu'il n'utilise qu'un sceptre d'émeraude[50] ». Si cela nous rappelle le Graal d'émeraude, ce n'est pas surprenant lorsque nous considérons la lignée de son possesseur.

Quelle est la vérité derrière ce récit extraordinaire ? À cette époque, la menace d'une invasion venue d'Orient planait sur le monde occidental, un peu comme la menace de la guerre nucléaire au XXe siècle. La mainmise trop fragile des croisés sur le royaume de Jérusalem était en danger d'être balayée, et l'on s'attendait à un déferlement des armées musulmanes. L'annonce d'une défaite de l'ennemi « aux confins de l'Orient »

***Le Prêtre Jean**, ici sur son trône, affirmait régner sur un paradis terrestre en Orient.*

était un apport moral comparable à l'annonce que les Russes avaient repoussé les forces hitlériennes pendant la Seconde Guerre mondiale. Il devait donc exister un élément très fort derrière les diverses références à un « roi chrétien en Orient ».

En 1165 apparut une lettre mystérieuse, dont des copies atteignirent le pape Alexandre III, le roi de France, l'empereur de Constantinople (Manuel Ier Comnène) et l'empereur romain-germanique Frédéric Ier, bref les dirigeants spirituels et temporels de la chrétienté. La missive se présentait comme émanant du Prêtre Jean lui-même. Ainsi commence-t-elle :

> *Du Prêtre Jean, par la grâce de Dieu le plus puissant roi de tous les rois chrétiens, salutations à l'Empereur de Rome et au Roi de France, nos amis. Nous souhaitons que vous en appreniez plus sur nous, notre situation, le gouvernement de notre pays, notre peuple et nos animaux [...] et si vous désirez [...] venir ici, en notre pays, nous ferons de vous sur la foi de votre bonne réputation nos successeurs et vous accorderons vastes terres, manoirs et châteaux*[50].

La lettre continue dans ce style sur quelque vingt pages, décrivant un pays débordant de richesses, dirigé par le bienveillant roi-prêtre, dont la couronne est la « plus haute [...] sur terre » et dont la domination s'étend sur quarante-deux autres rois chrétiens. L'auteur parle ensuite du fleuve Ydonis, qui coule entre son pays et celui des Sarrasins. Le fleuve provient des portes du paradis lui-même et son lit regorge de pierres précieuses. La lettre exhorte les chefs de la chrétienté à mettre à mort « les traîtres Templiers et les païens » et est signée « en la cinq cent septième année après notre naissance ». Cette lettre est un faux, il n'y a pas le moindre doute. Le style comme le

Cette carte du XVIe siècle place le royaume de Prêtre Jean au-delà de l'Afrique. Plus tard, des légendes l'ont évoqué comme étant le foyer du Graal.

contenu empruntent à des sources identifiables – pour la plupart orientales –, ce qui peut surprendre si l'on considère que le Prêtre Jean s'était érigé en ennemi farouche des musulmans ! En revanche, ce que nous avons dans la lettre est une description de l'Autre Monde, lieu presque inaccessible, paradisiaque, empli de merveilles et offrant des plaisirs spirituels autant que temporels. On trouve dans ce texte un temple du Graal assez semblable à celui décrit dans *Der Jungere Titurel*. Tous deux relèvent de la même pulsion : le désir de retourner dans le paradis terrestre d'où Adam et Ève ont été chassés.

Le Prêtre Jean est en réalité le produit de plusieurs personnages historiques vagues, de récits plus ou moins oubliés concernant Alexandre le Grand, de divers rois d'Éthiopie et de plus d'un seigneur tartare. Dans la lettre, toutefois, il est présenté comme plus que cela : un roi spirituel perçu comme s'étant retiré en un lieu intérieur, d'où il observe les progrès de l'humanité et à l'occasion agit sur les événements. Merlin en offre un exemple comparable, comme les prêtres et les prophètes bibliques, Melchisédech et Énoch, le roi Arthur et Brân le Bienheureux.

Que Wolfram von Eschenbach ait vu dans le Prêtre Jean une référence au descendant du chevalier Lohengrin ou qu'il ait établi lui-même la connexion, il a touché là un point sensible. Jean représentait ce qu'il y avait de meilleur dans la chrétienté. Il ne souffrait d'aucun de ces traits de corruption ou d'hérésie qui planaient sur la plus grande partie du monde occidental. Il était toute puissance, toute bonté, et aussi le gardien d'une terre sacrée qui recélait maints secrets – dont celui du Graal.

À partir de là, le Graal semble battre en retraite dans des royaumes inaccessibles. Peut-être la destruction des Templiers et le lien du Graal avec les hérétiques cathares rendaient-ils le sujet trop dangereux. Il est certain que, quelques années après la chute des Templiers, la littérature du Graal se réduisit brusquement, jusqu'à s'éteindre à la fin du XIVe siècle. Des œuvres ultérieures, comme *Le Morte d'Arthur* de Thomas Malory, se contentèrent de répéter ou de réviser des textes plus anciens, ajoutant très peu, voire rien, à l'histoire du vaisseau sacré.

Mais l'histoire ne s'arrête pas là. Le Graal va accomplir un autre changement remarquable, de forme et de contexte, tout en conservant les principes qui font partie de sa mythologie depuis le commencement. Il refera surface dans les enseignements des groupes les plus fermés d'Europe. Ces fraternités secrètes, dont les membres demeuraient fidèles aux enseignements anciens et qui recherchaient la vérité dans des endroits plus ésotériques que la majorité, constitueront notre prochain sujet d'attention.

SOCIÉTÉS SECRÈTES

Un étranger ici
D'Étranges Choses il rencontre
D'Étranges Gloires il voit.

THOMAS TRAHERNE, Œuvres poétiques

À la fin de l'époque arthurienne, le Graal s'évanouit quelque temps. La section consacrée au Graal dans *Le Morte d'Arthur* semble constituer une somme définitive : une main descend des cieux, saisit le vaisseau sacré et l'emporte et, « depuis, jamais homme n'a eu l'audace de prétendre qu'il a vu le Saint-Graal », dit Malory. Mais le vaisseau sacré n'a pas disparu – ou du moins pas très loin. Il a simplement pris une autre apparence, se dissimulant parmi les notions hermétiques de l'alchimie et les mystères d'une secte : la fraternité de la Rose-Croix, ou rosicruciens.

Les origines de l'alchimie remontent si loin dans les brumes du temps qu'il est impossible de dire quand ou même à quel endroit elle est apparue. Par essence, l'alchimiste est un enfant des anciens forgerons, dont l'aptitude à tirer des objets du métal en fusion le rendait semblable à un dieu. Dès les premiers temps, l'alchimie se développa en un système complexe qui cachait son véritable but derrière l'écran d'un langage symbolique déroutant.

Mais la nature véritable de l'alchimie n'était pas, comme on l'a souvent suggéré,

Un alchimiste *contemple le mystère de la pierre philosophale dans cette représentation du XVIII*[e] *siècle.*

une forme primitive de chimie dans laquelle les alchimistes cherchaient à transformer le métal en or. Ils s'intéressaient beaucoup plus à la création d'une substance mystérieuse, appelée *lapis philosophorum* ou pierre philosophale, qui, croyaient-ils, leur conférerait le pouvoir sur la vie et la mort. Leur élément était la « matière première », qui, bien que composée de plusieurs substances assez bizarres, avait plus de rapports avec l'esprit humain qu'avec la terre.

L'OR CÉLESTE

Durant la fin du Moyen Âge et pendant la Renaissance, les alchimistes d'Europe et du Moyen-Orient cherchèrent à transmuter l'esprit humain en or céleste, à parfaire la création, et l'homme en particulier. Un des plus grands alchimistes, Nicolas Flamel, vers le milieu du XIVe siècle, l'exposa clairement : « Notre travail est la conversion et le changement d'un être en un autre être, comme d'une chose en une autre chose, de la débilité à la force [...] de la corporalité à la spiritualité. »

C'est là une fonction du Graal que de transformer ceux qui sont partis à sa recherche en êtres spirituels, alors que le plus ancien des vaisseaux sacrés était l'alambic dans lequel toute la création fut mélangée, une image très forte pour le travail alchimique.

L'alchimie a beaucoup à voir avec l'« échange » et la « transformation », un mélange du divin avec le terrestre. Dans les légendes du Graal, les références voilées à cette notion sont constantes. La forme même du Graal – une coupe – illustre ce principe. La partie supérieure de la coupe était un contenant pour l'essence spirituelle venue du ciel, tandis que le cône inversé de la base pouvait être vu comme représentant l'humanité s'élevant vers la perfection. C'est au point central de la coupe que la substance de l'humanité rencontrait l'essence du divin. Galahad, par exemple, regarda à l'intérieur du Graal et fut transformé.

Le symbolisme étrange de l'alchimie semble avoir touché un point sensible chez un grand nombre de ceux qui souhaitaient comprendre les mystères de la Création. La *lapis* elle-même n'était qu'un stade dans la formation d'un être humain parfait, tout comme le Graal n'était qu'un symbole de la quête intérieure vers la perfection spirituelle et l'unité avec Dieu. *Parzifal* est unique par sa description du Graal en ce qu'il le dépeint comme une pierre « de la plus pure espèce » : la *lapsit exillis* qui, comme cela a été suggéré, fait référence à la *lapis philosophorum* elle-même. Les mots qu'utilise Wolfram von Eschenbach pourraient être extraits de n'importe quel traité d'alchimie :

Ils obtiennent la vie à partir d'une pierre pure. Laissez-moi vous donner son nom. Elle s'appelle lapsit exillis. *Le pouvoir de cette pierre permet au phénix de s'immoler jusqu'à n'être plus que cendres, puis de renaître. Le phénix mue et change de plumage, lequel est par la suite brillant et splendide comme jamais il ne fut. Aucun humain, aussi malade soit-il, ne mourrait pendant au moins une semaine après avoir vu la pierre. De même son apparence ne se détériorerait pas. En vérité, son apparence serait la même qu'au jour où il vit la pierre, comme s'il était dans la fleur de l'âge. Par la suite, s'il pouvait voir la pierre chaque jour pendant deux cents ans, son aspect ne changerait point, quoique sa chevelure puisse devenir grise. Le nom de la pierre est le Graal*[56].

Une statue sur la façade de la cathédrale de Chartres *montre Melchisédech portant un Graal contenant une pierre.*

En décrivant le Graal comme une pierre, Wolfram von Eschenbach le faisait entrer dans le royaume de l'alchimie, où la quête pour l'élixir de vie et pour la perfection spirituelle était liée à la quête du vaisseau sacré. Jusqu'à quel point cette idée pénétra dans les croyances de l'époque peut apparaître dans le fait que, parmi les statues allégoriques qui ornent l'extérieur de la cathédrale de Chartres, se trouve la figure du roi-prêtre Melchisédech. Dans ses mains, il tient un calice où est placée une pierre ronde. Ici les images se marient sans faille. Melchisédech est vu comme une préfiguration du Christ quand il offre du pain et du vin en sacrement, celui-ci représentant la communion de Dieu et de l'homme, et le Graal qu'il tient est un symbole de ce festin divin. La pierre représente la substance mystérieuse qui prolonge la vie, la *lapis philosophorum* ou la *lapsit exillis*.

LES PIERRES SACRÉES

La recherche de la pierre philosophale cachait un secret encore plus profond : la quête de l'origine de la vie, quête interdite par toutes les croyances religieuses de l'époque. Dans le langage symbolique des écrits alchimiques, nous voyons les premières spéculations concernant la véritable nature de la procréation humaine, lourdement déguisée sous les traits d'un roi et d'une reine qui représentent les éléments de la chair et de l'esprit, entrant dans un bain ensemble et engendrant Mercure, l'enfant spirituel. Un alchimiste aurait aussitôt reconnu la signification de cette scène : le bain est l'alambic dans lequel les éléments sont combinés pour produire la pierre philosophale.

De telles idées sont présentes dans les pages les plus exotériques de la littérature du Graal. Dans ce texte très mystique du XIIIe siècle, *Perlesvaus*, on dit que le Graal doit subir cinq transformations « dont nul ne devrait parler[8] ». La dernière est dans la forme d'un enfant – nouvel énoncé de la divinité contenue dans le vaisseau de l'esprit et référence à Mercure (et au mercure) –, l'enfant né du mélange de la terre et de l'esprit dans l'alambic de l'alchimiste.

Le fait que la « pierre pure » fût également une pierre tombée du ciel est d'un intérêt particulier. Dans certains textes, la *lapis* était identifiée à la pierre de Saturne. Saturne peut être identifié à Cronos, le dieu qui, comme nous l'avons déjà vu, est endormi sous la terre au large des côtes de la Bretagne celtique. D'après le mythe, Saturne vomit cette pierre après avoir été poussé par tromperie à l'avaler à la place de son fils, Zeus. Les alchimistes y voyaient le symbole de la nature divine de la *lapis*, comme ayant été rejetée par le dieu. La pierre de Saturne reposait sur le mont Hélikon, la montagne sacrée de la Grèce ancienne. C'était donc une pierre céleste, hors de portée de tous à l'exception de quelques-uns, sur le sommet d'une montagne jaillie de l'eau – image étonnamment similaire à celle du Graal.

LA PIERRE DE LA MECQUE

Il est une autre pierre qui aurait pu influencer la conception du Graal de Wolfram von Eschenbach. Il s'agit de la Pierre noire, sacrée pour l'islam, qui se trouve au centre de La Mecque, vers laquelle les fidèles se tournent pour prier chaque jour, où qu'ils soient de par le monde. D'après la tradition, cette pierre serait une météorite qui tomba du ciel dans un lointain passé. Ce fut un objet de vénération jusqu'à l'époque du Prophète Mahomet, qui dénonça cette adoration et déclara qu'il fallait plutôt s'en servir comme d'un moyen pour communiquer avec Dieu. Selon le Coran, l'ange Gabriel donna la pierre au prophète Ismaël à l'époque de la reconstruction de la Kaaba, la Maison cubique, où la pierre se trouve toujours. En des temps encore plus reculés, on disait qu'elle représentait l'aspect triple de la Déesse mère, la Mater Dea à qui, avec le dieu Hubal, on

Cette miniature persane *du XVIe siècle montre la météorite noire de la Kaaba entourée par les fidèles.*

offrait des sacrifices de sang – fait qui prend toute sa signification quand on le met en parallèle avec le Graal. On le notera avec intérêt, la couleur verte que Wolfram von Eschenbach associe à la pierre du Graal est également liée à Vénus, dont le jour, vendredi, est le sabbat islamique. Le vert est aussi la couleur du Prophète et est considéré comme sacré dans la tradition islamique.

La base du grand œuvre alchimique est une réconciliation des contraires, la création d'une harmonie divine sur le ciel et la terre, l'application pratique du dicton « Ce qui est en haut est comme ce qui est en bas », qu'on dit inscrit sur une table d'émeraude et qu'on attribue à Hermès Trismégiste, le fondateur semi-divin de l'alchimie. Peut-être parce que cette tablette a été décrite comme étant en émeraude, comme le Graal, un lien de plus s'est forgé entre le vaisseau sacré et les processus alchimiques.

Comme la *lapis philosophorum* et la Pierre noire, le Graal était un objet d'origine et d'activité surnaturelles, entraînant la prolongation de la vie, la naissance d'un enfant divin, la quête de la sagesse et une communion directe avec Dieu. Que l'image de la pierre soit capable de soutenir un tel éventail d'interprétations est démontré par la façon dont elle est utilisée dans les sources bibliques. Par exemple, dans l'histoire de Jacob, qui s'endort la tête posée sur une pierre et rêve d'une échelle menant au paradis, la signification est claire, tandis que dans l'Apocalypse (II, 17) il est écrit : « À celui qui vaincra je donnerai de la manne cachée, et je lui donnerai un caillou blanc; et sur ce caillou est écrit un nom nouveau. » Ce nom est réservé à celui qui termine le grand œuvre ou qui conquiert le Graal.

LE VAISSEAU DIVIN

Tout cela peut être interprété en termes de mystique comme en termes d'alchimie. Dans la doctrine catholique, la Vierge Marie est le vaisseau dans lequel l'enfant divin est amené à terme. Dans le symbolisme alchimique, le mercure se manifeste dans le *vas mirabile* (vaisseau miraculeux). Ainsi l'infini est né dans le fini, le Christ devient homme, et il est démontré que les transformations spirituelles du Graal et de l'alambic sont identiques. Comme l'écrivait le théologien saint Éphrem au IVe siècle, parlant du Christ :

Dans les entrailles qui te portèrent sont le Feu et l'Esprit,
Le Feu et l'Esprit sont dans la rivière où tu fus baptisé,
Le Feu et l'Esprit sont dans ton baptême également,
Et le Pain et la Coupe sont le Feu et l'Esprit[7].

***L'enfant de Mercure** est né dans un vaisseau alchimique, dans cette eau-forte du XVIIe siècle tirée du* Livre d'alchimie.

On ne sera pas surpris de découvrir que les troubadours, qui alimentèrent les mythes arthuriens de leur lumière brûlante et joyeuse, se réfèrent à Marie comme au « Graal du monde » et appliquent le terme avec une égale validité à l'objet de leur amour humain :

La bien-aimée est le Graal du cœur,
L'aimant ne sera jamais seul,
Car pour lui elle est le plus grand des Graals,
Qui le protège de tout malheur.

LE GRAAL ROSICRUCIEN

La poursuite des mystères alchimiques, qui dura des siècles, finit par céder devant l'aube de la science, au XVIIIe siècle. L'histoire de la mystérieuse fraternité rosicrucienne est parallèle à cette évolution en bien des points. Les deux groupes travaillaient dans l'ombre d'accusations d'hérésie de la part de l'Église catholique, et tous deux déguisaient leur travail sous un langage des plus obscurs, dans lequel rien n'était exactement ce qu'il semblait être.

L'histoire des rosicruciens semble avoir débuté au XIVe siècle, mais il faudra attendre encore deux cent cinquante ans avant qu'un document intitulé *Fama Fraternatis du Méritoire Ordre de la Rose-Croix* soit publié en Allemagne, en 1641[2]. Cette œuvre décrivait la vie et la mort de Christian Rosenkreutz, philosophe, mystique et magicien, qui aurait vécu cent six ans et dont la dépouille aurait été cachée dans un tombeau ou un caveau secret, découvert cent vingt ans plus tard.

Ce qui placerait Rosenkreutz à la fin du XIVe siècle ou au début du XVe, bien qu'on ne dispose d'aucun registre le prouvant, et qu'aucune époque précise n'entérine son existence réelle. La découverte du caveau contenant ses restes non corrompus est décrite dans un langage symbolique, qui se lit comme un texte initiatique, et l'ouverture du caveau se présente comme un événement qui pourrait avoir des effets considérables.

« Quand le caveau sera découvert, s'ouvrira aussi une porte pour l'Europe, qui a commencé à apparaître, et qui est attendue avec un ardent désir par beaucoup[2]. » On pense à la porte interdite dans l'histoire de Brân le Bienheureux, bien qu'il soit improbable qu'on s'en soit souvenu à cette époque.

À en juger par la réaction, à travers l'Europe, à la *Fama* et aux manifestes qui suivirent, le désir et l'attente devaient en effet être considérables. Un nouvel espoir était semé, qui n'avait rien à voir avec les effets de la Renaissance, où les notions médiévales étaient toujours présentes.

Personne ne savait où se trouvait la fraternité rosicrucienne, mais ce détail n'empêcha pas certains de chercher à entrer en contact avec elle. Le fait que des écrits parlaient d'une fraternité d'adeptes qui pouvait être contactée « par les canaux appropriés » suffisait à inciter les curieux à s'informer. Le philosophe René Descartes lui-même se rendit en Allemagne pour rechercher la fraternité mais, ce qui n'a peut-être rien d'étonnant, il ne trouva rien. À son retour à Paris, pourtant, il fut obligé de faire une apparition publique afin de prouver qu'il n'était pas devenu invisible – qu'il n'était pas un rosicrucien – car de telles rumeurs circulaient sur son compte. Aucune réponse ne résultant des diverses enquêtes effectuées sur des adresses ou des personnes inexistantes, les enthousiastes écrivirent leurs propres livres pour voir si leurs idées éveillaient des échos chez les autres prétendants rosicruciens. C'est ainsi que les manifestes d'origine donnèrent naissance à une succession d'imitations et de commentaires, et cette constellation en vint à former une école du mystère dont les doctrines étaient exposées pour qui pouvait les comprendre – inversion plutôt curieuse des écoles classiques qui dissimulaient leurs enseignements à tous sauf à leurs initiés.

Le langage employé dans les documents rosicruciens est allusif et plein de symbolisme, ce qui était censé empêcher de comprendre ceux qui n'étaient pas au courant. En réalité, la plus grande partie de ce qu'ils avaient à dire était formulée dans un mélange de christianisme ésotérique et d'enseignement des antiques écoles de mystères qui avaient été maintenues en vie par les alchimistes. Le rosicrucianisme lui-même survécut parce qu'il n'avait pas de fondation visible, pas de quartier général, pas d'officiers, pas de dogmes ni de règles. Le retentissement de ce phénomène sur le monde européen du XVIIe siècle fut profond et durable, ouvrant la voie aux grandes résurgences ésotériques des XVIIIe et XIXe siècles. Il apporta également une nouvelle dimension à l'histoire du Graal, faisant appel aux plus anciens niveaux du mythe autant qu'à certains des thèmes principaux qui s'étaient assemblés pendant la période médiévale.

Dans la littérature fortement symbolique des rosicruciens, nous voyons l'épanouissement de l'histoire originelle du Graal sous une nouvelle forme. Comme souvent par le passé, une spiritualité en apparence rigide est étayée par un noyau ésotérique. Le mouvement rosicrucien offre précisément une telle résonance ésotérique, du fait qu'il s'épanouit dans les strictes limites du protestantisme, tout comme les mythes du Graal s'épanouirent à l'intérieur des principes apparemment inamovibles du catholicisme.

Une grande part de ce phénomène eut lieu à l'époque où le monde médiéval commençait à céder devant l'approche de la Renaissance, quand le savoir, à la fois accepté et interdit, en appelait aux mystères du passé et, ne les comprenant qu'à demi, les refondait dans une forme mieux adaptée à l'époque. Tout cela produit un rassemblement symbolique qui entoure les images du vaisseau lui-même et nous ramène aux textes étranges des alchimistes.

LE MARIAGE

Le texte central des mystères rosicruciens s'intitule *Les Noces chymiques de Christian Rose-Croix*, roman initiatique qui célèbre l'union mystique de Christian Rosenkreutz et de Dame Vénus, sous le déguisement du mariage symbolique d'un roi et d'une reine. Écrit dans un style regorgeant d'allusions, il déborde d'indices et de sous-entendus qui ne sont presque jamais exploités.

On rencontre d'abord Christian Rosenkreutz lui-même. Quoique ses cheveux soient gris et qu'il reconnaisse n'être plus de la première jeunesse, il montre la même ardeur innocente que Perceval dans les mythes du Graal, au commencement de la quête. Nous avons ici quelqu'un qui serait prêt à vendre tout ce qu'il a pour la possession de la perle de sagesse, et qui endure les rigueurs de son initiation avec la plus grande humilité. Son approche est idéale pour un candidat à l'initiation, inconscient que, bien qu'invité à un mariage royal, c'est lui-même qui est le futur époux. De la même manière, Perceval part à la recherche du Graal et est aussitôt invité dans le château où se trouve le Graal, sans qu'il s'en doute, et entreprend une quête qui lui fera décrire un cercle complet pour revenir à son point de départ.

Christian Rosenkreutz et Perceval subissent le lot de tous les hommes. Ils sont jetés dans l'incarnation, où ils sont attelés à leurs compagnons par le service que tous deux offrent à la quête. Nous le voyons dans ces *Noces chymiques*, où Christian rêve qu'il sort du donjon où il a été placé avec l'aide d'une « vieille matrone ». Alors qu'il sort, il est blessé et couvert de sang de la tête aux pieds. Son sauveteur lui dit qu'il devrait être fier de ses blessures et « les garder par égard pour moi ». Ce sont là les échos du Perceval semblable au Christ et du Roi pêcheur blessé.

Pour le mariage, Christian se vêt de bandes rouges croisées sur sa poitrine et de quatre roses rouges à son chapeau. Ces roses proclament sa loyauté envers la déesse et montre que malgré leur vernis protestant les *Noces chymiques* sont l'exposition du mystère de Vénus, qu'on peut faire remonter aux pratiques de l'Europe païenne et au mythe du Graal lui-même, dans des parallèles entre le Venusburg du folklore allemand et la montagne sacrée des rosicruciens ou des mythes du Graal. Les roses sont une indication du dévouement de l'initié à sa tâche :

> *Le disciple, serviteur de la Rose et de la Croix, progressant sur l'étroit Chemin et passant le portail étroit de l'initiation, garde toujours devant ses yeux le But, lointain au départ, mais se rapprochant toujours. Depuis le début il s'est voué à la découverte de l'Unité, car l'Unité se trouve au bout du Chemin*[6].

Ce chemin mène, inévitablement, au sommet de la montagne du Salut, le site du temple du Graal où sont célébrés les mystères de l'unité avec l'infini.

LA MONTAGNE DU GRAAL

La voie pour accéder au Graal n'est pas facile, car elle est montagneuse et gardée par des animaux sauvages ainsi que par des adversaires puissants issus de l'Autre Monde. Cela inclut des personnages qui défient l'arrivant, tel le hideux messager du Graal, parfois nommé Kundry, qui houspille les chevaliers du Graal pour qu'ils poursuivent sur la voie quand ils commencent à s'en écarter, souvent avec des railleries blessantes et cruelles. Cependant, c'est la montagne qui demeure l'épreuve la plus redoutable.

En termes rosicruciens, ceci est décrit dans une allégorie intitulée *La Montagne sacrée* et attribuée à l'alchimiste du XVIIe siècle Thomas Vaughan, qui relate :

Il est une montagne située au milieu de la terre ou au centre du monde, qui est à la fois petite et immense. Elle est lointaine et proche, mais, par la prévoyance de Dieu, invisible. En elle sont cachés les plus grands trésors, que le monde n'est pas capable d'apprécier. Cette montagne […] est entourée de bêtes très cruelles et d'oiseaux rapaces, ce qui rend le chemin difficile et dangereux[2].

Si l'on réussit à braver tous ces périls, en reconnaissant que la montagne n'est pas une simple montagne ni le trésor un simple trésor, on trouvera ce qui suit :

La chose la plus importante [sur la montagne] et la plus puissante est une certaine Teinture élevée, avec laquelle le monde […] pourrait être touché et transformé en l'or le plus pur. Cette Teinture […] vous rendra jeune quand vous êtes vieux, et vous ne ressentirez aucun mal dans aucune partie de votre corps[2].

Une illustration du XVIIe siècle *tirée d'une collection d'emblèmes rosicruciens montre la montagne mystérieuse des philosophes.*

Cela ressemble tellement à la fonction du Graal décrite par Wolfram von Eschenbach qu'il est difficile de ne pas croire que l'auteur ait subi l'influence des textes médiévaux, même si ces deux textes sont l'expression d'un désir d'illumination spirituelle. Il existe un autre parallèle entre le texte d'Eschenbach et l'un des aspects les plus fondamentaux du mouvement rosicrucien. Dans *Parzifal,* nous lisons :

> *Ceux qui sont désignés pour être les gardiens du Graal sont identifiés ainsi. Sur la surface de la Pierre, une inscription apparaît, qui annonce le nom et la lignée de celui qui est appelé à faire un voyage dans le monde [...]. Heureuse la mère de tout enfant destiné à servir en ce lieu ! Les riches et les pauvres se réjouissent de même si un de leurs enfants est appelé dans la Compagnie du Graal ! Ils viennent de maints pays, et ils sont à jamais à l'abri de la honte et attendent avec impatience une riche récompense au Paradis*[56].

Ce passage reflète des idées contenues dans le texte rosicrucien *Fama Fraternitatis* sur l'existence d'une fraternité choisie et appelée par Dieu à être témoin du grand mystère de Christian Rosenkreutz, et dont la tâche doit rester cachée jusqu'au moment où le monde sera prêt pour recevoir ce message. Dans une défense de la fraternité rosicrucienne, un autre grand alchimiste, Robert Fludd, établit encore plus clairement le lien lorsqu'il déclare :

> *Ainsi donc il y a [une] demeure [...] de Sagesse édifiée sur le mont de la Raison. Cependant il reste à apprendre qui sont ceux [...] à qui cette Demeure est ouverte. Ces hommes très chanceux sont décrits par l'Apôtre de la manière suivante : [ceux qui] viennent, vers la pierre vivante [...] qui construisent une maison spirituelle [...]. Une génération élue, une prêtrise royale, une communauté sainte, un peuple racheté, [qui] devrait pratiquer les vertus pour Lui qui les a appelés hors les ténèbres et en sa royale lumière. Car auparavant vous n'étiez pas un peuple, mais à présent vous êtes le peuple de Dieu*[2].

Cela renvoie à la « descendance chrétienne élevée pour une vie pure [qui] a le devoir de garder [le Graal] » dans le poème d'Eschenbach. Ces deux groupes sont appelés à leur tâche de la même manière que le furent les chevaliers arthuriens en quête du Graal. Tous deux sont au centre de la recherche d'une réalité spirituelle qui transcende le monde vulgaire.

LE CHÂTEAU DU GRAAL

Ceux qui réussissent à gravir la montagne du Salut, qui bravent les bêtes sauvages et survivent aux terreurs du voyage se retrouvent enfin devant le château, ou le temple, dans lequel est gardé le Graal.

Comme nous l'avons vu, il a sa situation spécifique. Mais il est clair que plus d'un endroit physique – le Takht-i-Taqdis en particulier – offre une étrange ressemblance avec le temple du Graal dans *Der Jungere Titurel*. De fait, ce n'est pas le seul lieu modelé d'après la demeure du vaisseau sacré. Un endroit comparable est le château Karlstein, dans la République tchèque actuelle. Son aspect singulier rassemble l'histoire du Graal et l'histoire mystérieuse de la fraternité rosicrucienne. Le roi de Bohême Charles IV fit construire Karlstein entre 1348 et 1365, peu après le premier épanouissement de la littérature du Graal. Défini comme le « dernier initié sur le trône des empereurs[2] », Charles IV a saisi le lien entre les mystères rosicruciens et ceux du Graal, peut-être mieux que quiconque à son époque. Karlstein fut bâti pour refléter cette idée.

La chapelle Dorée *dans le château de Karlstein (Bohême). Construit sur l'ordre du roi Charles IV, cet édifice comportait une pièce destinée à représenter la chapelle du Graal.*

> *L'ornement des murs dans les diverses chapelles qu'on peut trouver dans le château, avec leur profusion de pierres semi-précieuses et d'or, la façon dont la lumière se diffuse à travers ces pierres semi-précieuses qui – serties dans du plomb doré – remplacent les vitres des fenêtres, amène à penser que Charles IV était au fait des pouvoirs des pierres précieuses et de l'or. La petite chapelle Sainte-Catherine, par exemple, est une véritable merveille. Les murs entiers, jusqu'au plafond, sont incrustés de pierres semi-précieuses tels l'améthyste, le jaspe, la cornaline et l'agate, tandis que la voûte en croix au-dessus a un fond bleu, décoré de roses, selon le motif rosicrucien. D'après la tradition, c'est là que Charles IV se retirait chaque année, du Vendredi saint au dimanche de Pâques, afin de méditer dans une intimité paisible*[2].

Pâques n'est pas seulement associé à la crucifixion et à la Résurrection, mais aussi aux mystères du Graal, qui prennent place durant cette période. L'aspect du château le reflète de nombreuses façons. Dans tout l'édifice, des peintures murales se réfèrent à l'initiation de Christian Rosenkreutz : le prisonnier libéré de ses entraves, les semailles dans les ténèbres, la moulure et la cuisson. Toutes ces séquences sont également des aspects du processus alchimique décrit dans d'innombrables documents depuis le Moyen Âge : l'enterrement du mort, le festin qui rappelle le banquet de mariage dans les *Noces chymiques* et, finalement, l'exécution et le démembrement.

Ces images guident celui qui cherche vers la grande tour du château, qu'on approche en empruntant un pont étroit, réplique du Pont-Épée du Graal. Dans la tour se trouve la chapelle de la Sainte-Croix, elle aussi ornée de pierres semi-précieuses, sous un plafond représentant le Soleil, la Lune et les étoiles, et parsemé d'un motif de roses. Les fenêtres sont constituées de pures topazes, d'améthystes et d'almandines à travers lesquelles la lumière entre en bandes de couleur resplendissantes. Le symbolisme est évident : le chemin de l'initié, qui recherche le Graal, trace sa voie dans l'existence, apprenant, oubliant, réapprenant, suivant le processus de l'alchimie spirituelle jusqu'à ce qu'il soit capable de franchir le pont périlleux et de pénétrer dans la chambre des mystères. Les parallèles n'ont guère besoin d'être soulignés. Ceci est la chapelle du Graal et de la Rose.

En effet, les symbolismes du Graal et de la Rose s'unissent. Rechercher l'un, c'est rechercher l'autre. Suivre une forme d'illumination, c'est trouver l'autre. La Rose s'épanouit à l'intérieur et à partir du Graal. Le rosicrucianisme provient des mythes du Graal comme un développement naturel de sa recherche spirituelle.

L'alchimiste Arnold de Vilanova a dit : « Tracez un cercle, et vous avez la pierre philosophale. » Le Graal, que ce soit une pierre, une coupe, un contenant ou le contenu, demeure au centre du cercle. Mais le centre est également la circonférence, et toutes les quêtes mènent à cet endroit. Les chevaliers dans leurs errances, comme les disciples de Christian Rosenkreutz, atteignent le but qui serait resté inaccessible s'ils étaient allés sciemment au château du Graal par une route directe. En s'en remettant au hasard, ils se sont rendus aptes à parcourir le chemin jusqu'au cœur du mystère, où certains cueilleront la rose ou boiront à la coupe de la vérité.

LE RENOUVEAU OCCULTISTE

Dans les années qui suivirent l'activité de la fraternité rosicrucienne, le thème du Graal devint de plus en plus ésotérique. Il avait maintenant plus à voir avec des magiciens cérémoniels qui intériorisaient la quête du Graal et la transformaient en voyage intérieur.

Le XVIIIe siècle fut témoin du rejet d'anciennes croyances, comme celles de la gnose et de l'alchimie, désormais déconsidérées. Au siècle suivant, le pendule oscilla dans l'autre sens. À cette époque, divers groupes occultes se créèrent, avec l'intention d'étudier et de pratiquer les mystères définis des milliers d'années plus tôt. Ce « renouveau occultiste » vit un certain nombre d'hommes et de femmes, parmi lesquels Helena Blavatsky, Aleister Crowley et A. E. Waite, acquérir la notoriété en tant que pratiquants des arts magiques.

Le Graal devint une partie essentielle de ce travail. Dès le moment où Robert de Borron écrivit comment le Christ dit à Joseph d'Arimathie « des mots sacrés qui sont doux et gracieux [...] appelés les secrets du Graal[9] », il assura l'apparition de chercheurs qui désireraient connaître ces secrets.

Dans les cercles ésotériques, une grande partie de la fascination exercée par le Graal se

Helena Blavatsky et le colonel Henry Steel Olcott, photographiés ici, furent à la pointe du renouveau occultiste pendant le XIXe siècle et au début du XXe.

concentra sur une nouvelle lecture des traditions anciennes. À notre époque, il existe de nouvelles organisations templières et même des adeptes modernes des cathares qui ont étudié le Moyen Âge pour y percer les mystères du Graal. Une de ces organisations contemporaines, un ordre templier moderne, déclare dans ses documents :

> *C'est une croyance fondamentale dans la tradition templière, une croyance étayée par une longue expérience, que si celui qui recherche la vérité commence à travailler sérieusement sur lui-même, il commencera à irradier de lumière aux niveaux internes […]. Chaque homme et chaque femme stimulé par les histoires, légendes ou films sur de nobles héros réagit aux incitations du Vrai Chevalier qui sommeille dans le cœur […] [et] qui nous guideront inévitablement jusqu'au Graal*[18].

L'ordre de la Golden Dawn *rassembla un certain nombre de sources spirituelles, dont celles du Graal.*

Des mouvements cathares modernes sont apparus récemment et se veulent dans la lignée de la spiritualité du Graal. En particulier le Lectorium Rosicrucianum, fondé par J. van Rijckenborgh et Catharose di Petrie en 1952, a continué de croître et de diffuser des idées qui combinent des éléments cathares à ceux de la fraternité rosicrucienne. Un des guides de l'ordre, dans les premiers temps, a été Antonine Gadal, qui plus tard a changé son nom en Galaad, et a fondé un centre dans les Pyrénées (également appelé Galaad), qui se vouait à la restauration des idéaux cathares et à la découverte du Graal.

Un des associés de Gadal pendant un temps a été l'écrivain irlandais Francis Rolt-Wheeler, qui plus tard a apporté sa propre contribution à la littérature du Graal dans son ouvrage *Mystic Gleams from the Holy Grail*, où il donne une interprétation généralement ésotérique :

> *La légende du Saint-Graal brille […] d'une lumière intérieure d'ésotérisme. Car peu nombreux sont ceux qui ont cherché à suivre le fil d'argent de l'initiation spirituelle dans ce cycle étrange et mystérieux de Miracle, de Féerie, de Chevalerie et d'un Supersacrement. En conséquence,*

dans cette légende mystique, il y a un aperçu de l'inconnu. Le lecteur risque de perdre son chemin dans les visions[47].

En dépit du style quelque peu pittoresque de Francis Rolt-Wheeler, une bonne partie de son livre dépeint la profondeur de la compréhension des mystères du Graal parmi les ésotéristes modernes.

Le mouvement rosicrucien a aussi trouvé ses adeptes modernes. Plus d'un auteur y a vu l'héritier naturel de la tradition du Graal. Manley Palmer Hall en particulier, qui a fondé la Philosophical Research Society aux États-Unis en 1936, liait Templiers, cathares et rosicruciens au Graal, affirmant qu'il « est évident que l'histoire de […] la généalogie symbolique des rois du Graal se rapporte à la transmission des écoles ou ordres d'initiés[23] ».

Un des plus prestigieux groupes ésotériques, l'ordre hermétique de la Golden Dawn, a commencé à travailler avec des tenants de la légende arthurienne dès 1896, et ses nombreuses ramifications, parmi lesquelles la Société de la lumière intérieure, la Stella Matutina et les Serviteurs de la lumière, et a puisé les éléments ésotériques dans l'histoire du Graal pour former des groupes magiques.

Un des membres fondateurs de la Golden Dawn, A. E. Waite, a émis le postulat d'une Église secrète du Graal dans son ouvrage, *Le Saint-Graal : légendes et symbolisme*. Il suggère la présence d'un corpus mystique de pensée, presque sans forme, qui aurait tracé sa route dans toute la littérature du Graal.

La présence de cette […] Église secrète est comme celle d'anges [invisibles]. Dans les cours extérieures se trouvent ceux qui sont préparés à la régénération et dans l'adytum se trouvent ceux qui l'ont atteinte : ils forment la Sainte Assemblée. C'est le lieu de ceux qui, après la naissance de chair, qui est la naissance de la volonté de l'homme, sont arrivés à naître de Dieu […]. C'est l'endroit des eaux de la vie, avec le pouvoir d'y boire librement. C'est comme la petite voix silencieuse : elle n'est perçue qu'au milieu du silence du cœur, et il n'y a pas d'écrit pour nous dire comment son rite est célébré, mais elle est comme une prêtrise à l'intérieur de la prêtrise […]. Il n'y a pas d'admission – du moins pas de manière cérémonielle – à la Sainte Assemblée. C'est comme si en dernier ressort le candidat s'initiait lui-même. Il n'y a pas de confrérie, pas d'institution, pas d'ordre […]. C'est moins une révélation qu'un héritage […]. C'est le lieu de ceux qui ont été transmués[53].

En dépit des propos de Waite, nombreux sont ceux qui ont continué à croire à l'existence d'une telle Église secrète, et dans certains cas ils se sont donnés pour objectif de la découvrir. La Société anthroposophique, fondée par Rudolph Steiner en 1913 en rupture avec les théosophes antérieurs, s'est centrée sur le Graal dès ses débuts. Steiner a produit une masse considérable d'écrits sur le sujet, dont ce passage prophétique dans *La Science de l'occulte* :

> *Le [flot du] savoir caché s'écoule, bien que de façon très discrète au début, dans le mode de pensée des hommes de notre temps [...] le savoir caché, qui prend ainsi possession de l'humanité maintenant et qui le fera de plus en plus dans le futur, peut être appelé symboliquement la sagesse du Graal. En conséquence les initiés modernes peuvent aussi être appelés les initiés du Graal*[51].

Plus récemment les Serviteurs de la Lumière, qui se décrivent comme une école de la science ésotérique, ont recouru à des éléments spécifiques de la geste arthurienne et du Graal pour créer les fondations de leur travail interne. Certains documents à diffusion privée donnent une idée des éléments utilisés : *Centres du Graal*, *Alexandria*, *Les Gnostiques et le Graal* sont des écrits anonymes tandis que les travaux sur le Graal de S. F. Annet comprennent des « Tests sur le Graal » et « Les Hypostases gnostiques et la légende du Graal ». Ce premier texte étudie l'initiation à la chevalerie arthurienne en s'intéressant particulièrement à la chevalerie du Graal, pour laquelle l'auteur réunit les concepts de force intérieure et de « respect, connaissance et maîtrise de soi », seuls capables de « hisser l'homme au pouvoir souverain[3] ».

D'autres groupes ésotériques ont poursuivi le travail sur le Graal. L'Aurum Solis de l'Ordre du mot sacré, fondé par Charles Kingold et George Stanton en 1897, et plus récemment repris par Melita Denning et Osborne Phillips, a dévoilé certains des documents secrets de l'ordre sous la forme d'une série d'ouvrages rassemblés sous le titre général *La Philosophie magique*. On y trouve maintes références au Graal qui imprègne les cérémonies et les enseignements de l'ordre.

Aux États-Unis, la San Grail Sodality (Confrérie du Saint-Graal), créée dans les années 1980 par l'ésotériste britannique William G. Gray, s'attache à l'étude de la Kabbale et de la tradition des mystères occidentaux, et comprend dans ses travaux pratiques une série de cérémonies et de sacrements plus ou moins adaptés des mystères du Graal. C'est là un excellent exemple d'une école moderne de mystères fondée sur les principes du Graal. Pendant les années 1980 le mage cérémoniel Gareth Knight a dirigé plusieurs ateliers qui ont donné naissance à une société très semblable à celle décrite par Waite, sans constitution, sans confrérie ni initiation au-delà d'une simple présence et de la participation au travail commun. Un catéchisme rituel du Graal, accompli pour la première fois en 1981, est toujours utilisé par les personnes participant à ces mystères arthuriens contemporains[40].

Tous ceux qui ont cherché le vaisseau sacré par quelque moyen que ce soit ont partagé le désir de faire entrer en conjonction le monde « supérieur » avec le monde « inférieur ». Ce thème fait partie de l'histoire du Graal depuis son début et demeure toujours aussi essentiel pour ceux qui cherchent le Graal à travers la restauration de rites ésotériques anciens.

A. E. Waite *a beaucoup écrit sur l'histoire secrète du Graal et ses traditions magiques.*

Ce qui précède donne une idée de la richesse d'une légende toujours vivace, qui tire inspiration et énergie du courant du Graal. L'écrivain Charles Williams, qui fut membre de la Golden Dawn, a décrit comment un ordre du Graal moderne pourrait naître. Sa vision est plus proche de l'idée d'une fraternité mystique développée par Waite que d'un ordre magique à proprement parler. William a abordé le sujet à la fin de son étude sur l'Esprit-Saint dans les termes suivants :

> *Appréhender cet ordre, dans sa nature et sa grâce, hors la chrétienté et dans celle-ci, devrait être à présent un de nos soucis majeurs [...]. La tâche ne sera pas aisée. Mais on découvrira sans doute, bien plus qu'on ne l'avait imaginé, qu'on peut le trouver dans le monde actuel, et que ce travail n'a jamais été aussi nécessaire, sa concentration jamais aussi importante, ses bénéfices peut-être jamais aussi grands*[54].

On note le besoin que le Graal soit toujours à l'œuvre dans le monde. Qu'il en soit ainsi semble évident, car malgré les temps obscurs que nous traversons, il y a toujours des reflets de lumière qui trahissent la présence du Graal. Certains de ces reflets mystiques se sont intégrés au monde contemporains à travers le cinéma, le roman et une fascination jamais démentie pour le mystère du Graal.

UNE NOUVELLE CHEVALERIE DU GRAAL

Que celui qui cherche ne cesse jusqu'à ce qu'il ait trouvé,
et quand il aura trouvé, il sera stupéfait.

ÉVANGILE DE THOMAS

Récemment, il est devenu possible de considérer l'histoire du Graal en tant qu'histoire logique et cohérente. Auparavant, elle n'existait que comme un ensemble de moments, de points culminants dans les croyances et les traditions de notre monde. Maintenant que nous avons accès aux sources sur le processus spirituel, nous voyons que le vaisseau sacré est présent depuis le début de notre histoire. Comme Sophia ou la

***La quête du Graal** était en grande partie une quête du paradis dont l'humanité a été chassée. (Détail du* Paradis terrestre *de Breughel.)*

Shekhinah, le Graal a été exilé du paradis avec l'humanité et a gardé une présence constante, nous poussant à découvrir des niveaux plus profonds de vérité sur nous-mêmes et de notre relation à l'infini.

C'est ce qui fait du Graal un symbole aussi durable, une allégorie que chaque époque a reconnue depuis sa première apparition. Depuis lors tous ont cherché à pénétrer son mystère, avec des succès divers. Le Graal demeure un symbole vivant. Qu'ils soient érudits ou mystiques, ceux qui cherchent le Graal aujourd'hui constituent une nouvelle sorte de chevalerie aussi fidèle aux préceptes, à l'honneur et à la vérité que l'étaient les chevaliers de la Table ronde.

L'histoire du Roi blessé recèle des parallèles avec quasiment tous les niveaux de la vie telle que nous la connaissons aujourd'hui. Nous somme tous, par essence, blessés, et faire l'expérience de la guérison du roi peut apporter un apaisement personnel. Au-delà de cet aspect, le Graal représente non seulement nos origines mais aussi l'étincelle divine que nous ne pouvons nous empêcher de percevoir au cœur de notre humanité.

LA PSYCHOLOGIE DU MYTHE

Ces idées font partie de la discipline moderne de la psychanalyse, qui a largement emprunté au mythe du Graal. Cette discipline en a beaucoup appris sur la condition humaine, et elle a aussi exploré l'histoire du Graal.

À la lumière de la puissance extrême du Graal en tant que symbole, un psychologue de premier plan, interprète du symbolisme, l'a considéré avec le plus grand sérieux. Carl Gustav Jung (1875-1961), dont l'étude de l'âme humaine a transformé l'approche de la psychanalyse, a rencontré le Graal tôt dans sa vie. Par la suite, ce mythe a jeté sur lui un charme puissant, et il est resté très présent dans son œuvre et dans sa vie personnelle.

Avec Sigmund Freud, Jung a changé la façon de penser en psychanalyse à la fin du XIXe siècle. Mais l'approche de Jung était très différente de celle de Freud. Jung reconnaissait l'importance des vérités spirituelles dans l'inconscient. Depuis ce temps, une révolution s'est développée dans les thérapies, jusqu'à ce qu'il y ait d'innombrables manières de découvrir l'appel mythique profond chez l'individu. Nombre de ces méthodes ont emprunté, consciemment ou non, au travail du grand analyste suisse, dont les écrits continuent à inspirer ceux qui s'impliquent dans une quête intérieure.

Les légendes du Graal ont été d'une importance considérable pour Jung. Sa femme, Emma, a également publié les résultats de ses propres recherches après la mort de son époux.

Quand il avait la trentaine et commençait à se faire un nom, Jung rêva qu'il rencontrait, en plein centre d'une ville moderne agitée, un chevalier en armure et à la poitrine frappée d'une croix rouge. Aussitôt il sut que c'était le chevalier du Graal et qu'il était venu lui signifier l'importance de ce mythe. Dans son autobiographie, Jung précise :

> *J'avais déjà le sentiment qu'un grand secret était dissimulé dans ces histoires [du Graal]. C'est pourquoi il m'a semblé très naturel que le rêve fasse apparaître le monde des chevaliers du Graal [...] ou que c'était, au sens profond, mon monde*[28].

***Le grand psychanalyste suisse C. G. Jung** était fasciné par le Graal, dans lequel il voyait un symbole de transformation.*

Jung s'est lancé dans une quête personnelle du Graal. Peu après ce rêve déterminant, il s'est détaché du travail psychanalytique ainsi que de son partenariat avec Freud, afin de suivre son propre chemin, qui l'a mené dans le monde de l'esprit et de la conscience universelle. Le processus qu'il a découvert, et qu'il a nommé « individuation », reflétait le périple de Perceval à la recherche du vaisseau sacré.

Pour Jung, c'était un voyage intérieur au centre de l'être, qu'il appelait le moi. Dans ce centre, l'individu pouvait rencontrer une présence divine, un sens intérieur de l'identité qui transcendait la forme extérieure de la personnalité égocentrique. Le miroir de l'expérience du Graal était précisément ceci, et Jung l'avait compris.

Une étude du Graal poussa Jung à s'intéresser à l'alchimie, dont il trouva le langage adapté à l'interprétation des rêves et des névroses de ses patients. À l'instar des écrivains médiévaux et des protoscientifiques avant lui, il vit à quel point le mythe du Graal était ancré dans l'esprit humain, du berceau à la tombe. Bien plus tard dans le cours de son existence, il fit un autre rêve capital, dans lequel il se rendait au château du Graal mais ne pouvait y entrer. Il se retrouvait sur un paysage rocailleux et nu qui ressemblait à la Terre gaste. À la fin du rêve, il arrivait au bord d'un lac avec une île sur laquelle se dressait le château du Graal. Il se préparait à traverser à la nage pour atteindre le château quand il se réveilla. Il venait d'approcher les portes de l'Autre Monde.

L'image du Graal continua de hanter Jung jusqu'à la fin de sa vie. Dans les jardins du centre qu'il créa à Dornach, en Suisse, se trouve une petite pierre sculptée dédiée au *genus loci*, l'esprit invisible du lieu. Sur un côté est gravée une représentation du Graal. Jung savait qu'il symbolisait le point de rencontre entre l'humain et le divin.

Jacques de Molay, *le dernier grand maître des Templiers. Jung rêva qu'il rencontrait un chevalier au vêtement frappé d'une croix rouge et y vit un signe désignant les mystères du Graal.*

JOSEPH CAMPBELL ET LE GRAAL

L'œuvre de Jung ouvrit la voie à un nouvel examen du mythe. Des adeptes de sa méthode, tels Alfred Adler (1870-1937) et Marie-Louise von Franz (1915-1998), prolongèrent son œuvre, en se référant souvent au Graal[27].

Le spécialiste américain Joseph Campbell (1904-1987) incorpora le mythe dans le monde moderne en démontrant qu'il recélait des messages importants pour tout un chacun. Dans des œuvres riches et originales comme *The Hero With a Thousand Faces*, *The Masks of God* et *The Power of Myth*, il exposa l'ensemble d'interprétations le plus convaincant à notre époque. *The Power of Myth* s'appuyait sur la série télévisée du même nom, qui captiva le public pendant les six semaines de sa diffusion, en 1987. L'œuvre de Campbell réveilla une fascination latente pour le mythe.

Sa vie durant, Campbell suivit son propre mythe avec la même détermination que les chevaliers du Graal dans leur obsession du vaisseau sacré, décrivant cette attitude par la formule « suivre sa béatitude ». Son influence s'est fait sentir dans d'autres domaines, jusqu'à Hollywood. George Lucas s'est fortement inspiré de *The Hero with a Thousand Faces* pour le premier épisode de la trilogie de la *Guerre des étoiles*.

Pour Campbell, le mythe du Graal représentait un sentiment profond de désir de quelque chose d'inconnu mais qui n'était pas impossible à connaître. Il savait que tous

Joseph Campbell, *qu'on peut qualifier de plus fin connaisseur contemporain des mythes, voyait dans les histoires du Graal une source d'inspiration.*

ceux qui cherchaient, même s'ils n'avaient qu'une vague idée, voire pas d'idée du tout, de ce qu'ils cherchaient, sentaient que ce qui était à découvrir résidait dans l'individu. L'idée de Campbell était semblable à celle de Jung : tous deux voyaient le concept d'individuation, la découverte d'une vision personnelle, comme central pour le développement de l'être humain ; tous deux reconnaissaient dans les histoires du Graal un symbole parfait de cette recherche. Campbell envisageait le mythe comme un élément central du développement de l'imagination humaine. Il l'a exposé clairement dans le texte qui suit :

À travers le monde habité, en tout temps et en toute circonstance, les mythes de l'homme se sont épanouis, et ils ont été une inspiration vivante pour tout ce qui a été engendré par les activités du corps et de l'esprit humains. Il ne serait pas exagéré d'affirmer que le mythe est l'ouverture secrète par laquelle les énergies inépuisables du cosmos se déversent dans les manifestations culturelles[10].

Ce qui précède s'applique si bien au mythe du Graal qu'on pourrait difficilement mieux le formuler. Les « manifestations culturelles » appartiennent et ont toujours appartenu à un registre différent. Le Graal a toujours été indissociable des développements de la culture humaine. Son mystère est capital pour notre compréhension de la divinité et notre relation avec elle, avec l'infini et avec la source de toute édification spirituelle.

NOUVELLES VISIONS

En fin d'analyse, il se peut qu'il n'y ait pas de fin aux histoires du Graal. Même si, par extraordinaire, on parvenait à prouver sans conteste que le vaisseau sacré a été trouvé, ou qu'il peut être codifié, les légendes continueraient de circuler.

Les traitements contemporains du Graal, dans des œuvres de fiction ou autres, ont abondé au siècle passé et apporté un spectre inédit de significations au Graal de notre temps. Un grand nombre de livres ont paru, dont beaucoup ont parlé du Graal sous des angles originaux. Puisqu'il y en a beaucoup trop pour qu'on puisse les étudier ici de la façon qu'ils méritent, nous nous concentrerons sur quelques-uns, qui hissent le mystère du Graal à des nouveaux niveaux de conscience.

De façon surprenante, peut-être, le Graal n'est que rarement apparu dans l'histoire du cinéma. À l'exception d'une brève apparition dans le grand succès populaire *Indiana Jones et la dernière croisade*, réalisé par Steven Spielberg sur un scénario de George Lucas, il a été largement ignoré. Deux exceptions sont le chef-d'œuvre de John Boorman, *Excalibur* (1981), qui jusqu'alors est le seul film à intégrer le Graal dans le mythe arthurien aussi intimement qu'il l'était au Moyen Âge, et la fable extraordinairement moderne du *Roi pêcheur*, de Terry Gilliam, sorti en 1991.

Perceval le Gallois, écrit et réalisé par Éric Rohmer et fondé sur l'œuvre de Chrétien de Troyes, constitue une autre tentative pour transcrire l'histoire du Graal sur la pellicule, peut-être la plus subtile à ce jour. Sorti sur les écrans en 1978, le film offre une approche unique en ce sens que Rohmer rejette les pièges habituels de Hollywood et s'efforce de représenter le Moyen Âge de façon extrêmement stylisée.

Le résultat est un chef-d'œuvre d'originalité qui retrace le récit de l'innocent Perceval et du tout aussi naïf Gauvain dans leur quête du Graal. Rohmer adapte le poème de Chrétien de Troyes avec sa propre traduction du texte, qu'il suit presque mot pour mot. Perceval va d'une rencontre à une autre, volant un baiser à une damoiselle en détresse, tombant amoureux, tuant ses ennemis, se rendant à la cour du roi Arthur et devenant

Archétype du chasseur de trésors, Indiana Jones (Harrison Ford) cherche à retrouver le Graal dans le film, Indiana Jones et la dernière croisade, *1989.*

Le film d'Éric Rohmer, Perceval le Gallois *(1978), suit fidèlement l'histoire de Chrétien de Troyes, en la présentant dans un cadre stylisé.*

chevalier. Rohmer traite cette odyssée éducative avec une intelligence ironique également présente dans ses comédies contemporaines.

Cette interprétation n'est ni réaliste ni moderne. Les acteurs s'expriment en rimes, et un chœur jouant d'instruments médiévaux fournit une grande part de la narration. Les décors sont symboliques, avec des arbres en métal sculpté, des châteaux en carton-pâte et des ciels peints qui reflètent bien la nature stylistique des peintures et des enluminures du manuscrit original.

Cependant, Rohmer s'écarte du texte inachevé de Chrétien de Troyes en omettant les dernières aventures de Gauvain pour se concentrer sur Perceval. Au moment où la narration de Chrétien de Troyes s'interrompt, avec un commentaire précisant que Perceval apprit simplement la signification du Vendredi saint, Rohmer choisit d'ajouter sa propre fin à l'histoire en donnant à Perceval le rôle principal dans une représentation du mystère de la Passion. La renaissance spirituelle du héros est ainsi montrée sous la forme d'une union avec le Christ.

NOUVELLES HISTOIRES DU GRAAL

Dans le déferlement de poésies et de fictions arthuriennes écrites pendant les trente dernières années, bien peu d'auteurs ont tenté de pénétrer sur le territoire du Graal. Ceux qui s'y sont risqués tendent à être des auteurs de science-fiction, dont les visions utopiques décrivent un lieu idéal où demeure le Graal dans l'avenir. En lisant ces textes, on voit comment la présence du vaisseau sacré dans notre conscience pourrait continuer à croître.

Un écrivain contemporain qui a exploré le Graal en profondeur est Charles Williams (1886-1945). Ses deux recueils de poèmes, *Taliesin Through Logres* et *The Region of the Summer Stars*, offrent quelques-unes des interprétations les plus éclairantes. Il a aussi inclus le Graal dans le monde moderne avec son roman *War in Heaven*. Ici, le Graal est un objet archétypal découvert dans le monde. Le livre raconte la lutte entre les forces du bien et du mal pour se l'approprier. Le roman débute de manière mémorable : « Le téléphone sonnait follement mais en vain, car il n'y avait personne dans la pièce sinon le cadavre. » C'est le commencement d'une quête moderne fantastique, entreprise par un employé d'une maison d'édition, un archidiacre de l'Église anglicane et un membre de la pairie, qui chacun à sa façon correspond aux trois célèbres chevaliers Galahad, Perceval et Bors.

Contre ce trio improbable se dressent trois serviteurs du côté négatif de la Création, menés par George Persimmons, pratiquant depuis longtemps le mal à petite échelle. Il suit la voie senestre de la magie et est déterminé à faire un avec le dieu du mal qu'il vénère. C'est lui le meurtrier de l'homme dans la pièce au début du roman, et il désire se servir du Graal comme d'un talisman pour contraindre l'âme d'un enfant afin d'accomplir ses sombres desseins.

Après la découverte du corps, la police se sent déconcertée. Mais d'autres événements plus étranges se préparent. Par hasard, nous apprenons que le Graal est gardé dans la propre église de l'archidiacre, et, bien que ce dernier y attache peu d'importance, il décide que l'objet ne doit pas tomber entre les mains d'adeptes du mal, qui utiliseraient ses pouvoirs afin d'atteindre leurs propres objectifs. Le reste du livre relate une chasse palpitante dans la campagne anglaise, avec l'archidiacre et ses deux amis qui emportent le Graal pour le mettre en lieu sûr. Un allié puissant les aide en la personne du Prêtre Jean, qui, dans le roman de Williams, est le gardien du Graal pour notre époque. Après quelques batailles à couper le souffle, les ennemis du Graal sont vaincus, et le récit culmine lorsque l'archidiacre célèbre la messe avec la coupe – une messe du Graal moderne. L'archidiacre se rend compte que ce récipient a été plus proche du Christ que tout autre objet en ce monde. Il devient plus qu'une relique, plutôt une porte entre les mondes, un point de contact entre Dieu et l'homme. L'essence du Graal demeure ainsi ce qu'elle a toujours été et l'auteur puise dans sa connaissance de la spiritualité médiévale pour en donner une image puissante.

Michael Moorcock, l'un des plus subtils créateurs de mythes contemporains, a tiré une bonne part de son inspiration des mythes entourant Arthur. Le comte Ulrich von Bek, le héros de *Le chien de guerre et la douleur du monde*, est un soldat de fortune brutal qui ne correspond guère aux critères arthuriens, et pourtant il est choisi par Lucifer pour partir en quête d'un remède à la souffrance du monde, qui est, on ne s'en étonnera pas, le Graal. Le désir de Lucifer est de se réconcilier avec le ciel et peut-être de retrouver sa place d'origine, mais tous les habitants de l'enfer ne partagent pas ce souhait. Avant la fin de sa quête, Bek devra affronter les légions des damnés. Il finit toutefois par trouver le Graal et le donne à Lucifer, mais c'est insuffisant pour combler la brèche entre le paradis et l'enfer. Lucifer n'est toujours pas le bienvenu au paradis, et on lui confie la tâche de racheter le monde et d'apprendre la nature véritable du Graal. Lorsque le diable et l'humanité en seront capables, tout sera rédimé. Mais il y a une mise en garde. Lucifer déclare :

> *Vous êtes vos propres maîtres. Vos vies vous appartiennent. Ne voyez-vous pas que cela signifie la fin du miraculeux ? Vous êtes au commencement d'un nouvel âge pour l'Homme, un âge de recherche et d'analyse*[42].

Où cet « âge de recherche et d'analyse » mène-t-il, nous le savons fort bien : l'espoir est que la redécouverte du miraculeux s'ensuivra. Si l'orientation prise par les écrits de science-fiction et par la pensée scientifique représente une indication, cela pourrait se produire.

LE RETOUR DU GRAAL

Un thème séculaire est celui qui tire Arthur de sa retraite dans l'Autre Monde lorsque l'univers a besoin de lui, et il a été exploré dans plusieurs romans récents traitant du Graal. Il s'agit de *The Drawing of the Dark* de Tim Powers et *A Midsummer Tempest* de Poul Anderson.

Dans le livre de Tim Powers, le monde occidental du XVIe siècle est menacé par la puissance conquérante de l'Empire ottoman de Soliman. L'Europe succombera sauf si le Roi pêcheur, l'Âme du pays, est ranimé et amené sur le champ de bataille. Cela ne peut être réalisé que si l'on parvient à dissuader l'ancien monarque de boire une bière spéciale, connue sous le nom de Hartzwesten Dark. Or la seule personne capable de l'en empêcher est Arthur, qui est mort depuis bien longtemps. Mais l'est-il vraiment ? Dans cette version, Merlin, qui est toujours en activité à cette époque, découvre que l'âme d'Arthur s'est réincarnée dans le corps d'un soldat mercenaire irlandais du nom de Brian Duffy. Avec l'aide d'Excalibur, il parvient à ranimer les souvenirs d'Arthur à temps pour éviter le désastre. Le seul problème est que, lorsque Arthur se souviendra de tout, y compris de sa mort à Camlann, il se retirera du monde.

Dans *A Midsummer Tempest,* le thème arthurien est subliminal mais non moins important. Un univers parallèle est créé dans ce roman, dans lequel la révolution industrielle s'est produite à l'époque du roi Charles Ier et de Cromwell, avec les Têtes rondes qui soutiennent le progrès mécanique sur le progrès naturel, alors que les royalistes s'y opposent. Rupert le Prince, accompagné d'amis fidèles, invoque l'aide du roi des elfes Oberon et de la reine Titania dans une quête pour retrouver le bâton et le livre de Prospero. (L'œuvre de Shakespeare, le « Grand Historien », est présentée comme un ensemble de faits avérés.) Après maintes aventures, on retrouve le bâton et le livre, et un affrontement final se tient à Glastonbury Tor. Rupert invoque l'Esprit du pays, plus ancien que les simples héros du passé. Arthur et les chevaliers d'Avalon chargent les armées de Cromwell, les représentants de la brique et du mortier, des roues et rouages du pouvoir mécanique. On trouve là des échos du *Seigneur des anneaux* de Tolkien et de la marche des Ents contre Isengard. Ici aussi, la science-fiction semble se moquer d'elle-même en prenant le parti de la magie contre celui de la science.

Glastonbury Tor *est depuis longtemps décrit comme étant une cachette du Graal.*

Ces œuvres où le Graal apparaît réalisent une synthèse du mythe éternel et ce qu'on pourrait appeler la nouvelle mythologie de la science-fiction. Parfois, comme dans l'histoire de Roger Zelazny intitulée *The Last Defender of Camelot*, le mystère sera presque expliqué, seulement pour être remplacé par un mystère plus grand encore, que – grâce au ciel – personne n'a encore réussi à élucider. Ou, dans des œuvres comme le classique de Walter Miller, *Un cantique pour Leibowitz*, il se dessine comme étant central pour le propos de l'histoire.

Dans le livre de Miller, des moines, des ermites et de pseudo-saints occupent un désert d'après l'holocauste où le Graal fait une apparition fugitive mais importante. Vers la fin de l'histoire, l'un des personnages, qui porte le nom significatif de Mrs Grales, se confesse à un prêtre de ce monde futur. Mais Mrs Grales a deux têtes, dont une atrophiée, une

***Une des versions modernes les plus subtiles des mythes** du Graal est* Corbenic, *de Catherine Fischer, dont cette couverture reflète l'ambiance.*

excroissance surnuméraire qui est sans intelligence, sans vie et sans expression. Quel que soit le secret qu'elle renferme, il ne peut être exprimé par les moyens normaux. En plein milieu de son acte de contrition, un missile frappe l'église, et le prêtre Zerchi est immobilisé sous les décombres. Alors qu'il gît là, attendant la mort, Mrs Grales réapparaît, indemne mais métamorphosée. Sa tête atrophiée est maintenant vivante quoique capable seulement de répéter les paroles qui lui sont adressées. Zerchi remarque également que la femme semble avoir rajeuni et que son ancienne « tête normale » se flétrit graduellement. Ce qui arrive ensuite est extraordinaire. Craignant qu'elle n'ait subi une exposition fatale aux radiations, Zerchi veut la bénir. Il est repoussé et souffre d'une perte de conscience momentanée à cause de la douleur consécutive à ses blessures. Quand il revient à lui, il voit Mrs Grales agenouillée devant lui :

> *Enfin il réussit à voir qu'elle tenait la coupe en or dans sa main gauche et dans la droite, délicatement pincée entre l'index et le pouce, une unique hostie. Elle la lui offrit [...], elle ne fit aucun des gestes conventionnels, mais la révérence avec laquelle elle [...] la lui présentait le convainquit d'une chose : elle sentait la présence sous le voile*[41].

Ainsi, à l'instant qui sépare la vie de la mort, avec un nouvel holocauste sur le point de se déchaîner, un miracle se produit : la moitié morte de l'humanité s'éveille et est guérie, et c'est elle qui dispense une bénédiction sur les souffrances de la création. La partie qui était morte aux mystères voit au-delà des voiles de la matière et au cœur des choses. Le symbolisme de l'eucharistie et de la messe pratiquées avec le Graal est limpide. Mrs Grales porte même cinq blessures, dont une décrite comme provenant d'une « lance de glace », blessures similaires à celles infligées au Christ. Presque dans son dernier souffle, le prêtre murmure les mots du Magnificat, en demandant :

> *à lui apprendre les mots comme sa dernière action, car il était certain qu'elle partageait quelque chose avec la Femme qui leur avait parlé [...]. Il ne demanda pas pourquoi Dieu avait choisi de lever une créature d'une innocence parfaite*

sur l'épaule de Mrs Grales ni pourquoi Dieu lui avait donné les dons surnaturels de l'Éden [...]. [Mais] il avait vu l'innocence dans ces yeux, et une promesse de résurrection[41].

Cette « promesse de résurrection » demeure inhérente aux histoires du Graal. Elle est une des raisons pour lesquelles nous le cherchons toujours. Il ne devrait pas non plus être nécessaire d'attendre un avenir lointain pour le découvrir. Le paradoxe est peut-être qu'en écrivant ou en lisant sur l'avenir nous le créons d'une certaine façon, en ramenant du pays hors du temps le savoir dont nous avons besoin.

Les écrivains de science-fiction recherchent un paradigme d'espoir dans le futur, et ils se sont souvent tournés vers les mythes arthuriens pour y parvenir. Ce qui rend leur utilisation de l'histoire du Graal aussi pertinente est que c'était précisément le but des premiers vaisseaux sacrés. Le mystère et la signification du Graal n'ont pas changé durant les milliers d'années qu'il a traversées et dans les dizaines de formes qu'il a revêtues.

Un autre roman mérite d'être mentionné ici pour la manière dont il jette un éclairage nouveau sur l'histoire du Graal. *Corbenic,* de Catherine Fisher, recourt au procédé simple consistant à placer l'histoire de Perceval dans un environnement contemporain. Elle suit Cal, un jeune garçon rebelle avec une mère alcoolique, hantée par des voix, qui entreprend de s'améliorer dans ce monde et se trouve emporté dans une quête séculaire de la guérison. L'adaptation aurait pu verser dans la lourdeur et l'effet facile, au lieu de quoi elle est à la fois subtile et profonde. Cal rencontre un groupe qui se voue aux reconstitutions médiévales, se faisant appeler la Compagnie, qui pourrait bien être Arthur et ses hommes, mais la vérité demeure finement énigmatique. Les connaissances qu'a Fisher du cycle arthurien – en particulier des histoires galloises – sont impressionnantes, et la façon dont elle entremêle personnages et références dans le corps de l'histoire est très habile, sans jamais entraver l'action. Elle montre comment le Graal peut remplir son rôle dans le monde actuel et combien il est important de relier les mythes qui étayent la société humaine.

LE DA VINCI CODE

Un autre roman qui a fait récemment du Graal une sorte de cause célèbre est *Le Da Vinci Code*. Le best-seller phénoménal de Dan Brown a été adopté par une nouvelle génération de gens en recherche, qui y voient un document de valeur révélant la vraie nature du Graal et le secret terrifiant qu'il cache. En fait, le livre se contente d'assembler des fragments hétéroclites de savoir pour créer ce qui, en surface du moins, est un scénario crédible.

Le héros du roman, un professeur de Harvard nommé Robert Langdon qui s'est spécialisé dans le symbolisme, a fait des rencontres étranges et semi-occultes dans un ouvrage précédent. Il est plongé dans une nouvelle aventure lorsqu'un conservateur du Louvre est assassiné, laissant un message codé griffonné avec son propre sang. Langdon, qui fait équipe avec Sophie Neveu, une cryptographe talentueuse, se retrouve bientôt pris dans une intrigue complexe impliquant le Vatican, l'organisation connue sous le nom d'Opus Dei et une société secrète nommée le Prieuré de Sion, qui veille sur un antique secret depuis des siècles. Le secret, finalement dévoilé après une série de courses-poursuites, de meurtres et de rendez-vous, se révèle être l'existence d'une famille descendant de Jésus, qui, ayant échappé à la crucifixion, se serait marié avec Marie-Madeleine et aurait fondé une lignée de rois dont les descendants seraient encore vivants à notre époque.

Le Da Vinci Code *suggère qu'une preuve de l'existence du Graal se trouve sous la pyramide du Louvre, à Paris.*

Telle est dans ses grandes lignes l'intrigue de ce roman à sensations qui, en tant que thriller, permet de passer un agréable après-midi de lecture. Néanmoins, l'auteur est allé assez loin pour rechercher les idées exposées dans son livre, en particulier le fait que l'Église s'est évertuée à dissimuler la vérité sur Jésus et Marie-Madeleine, et sur l'existence d'une influence féminine dans le développement du christianisme. Cette thèse a déclenché une controverse, laquelle, à son tour, a engendré une floraison d'ouvrages cherchant à percer le prétendu code contenu dans les tableaux de Léonard de Vinci, ou à discréditer tout le roman au motif qu'il n'est en réalité qu'une attaque en règle contre l'Église. Qu'une telle attention soit portée à cette œuvre de fiction serait extraordinaire sans le fait qu'au cœur de cette théorie se trouve juste assez de vérité pour capter l'imagination et alimenter le besoin de trouver la véritable signification de la religion.

Pourtant il n'y a rien de nouveau dans ce livre. La grande majorité des sujets qu'il aborde peut être retrouvée dans l'un ou l'autre chapitre de la longue histoire du Graal. Un autre ouvrage, également sensationnel dans sa représentation des faits liés au Graal, mais au moins factuel, a été publié voilà une vingtaine d'années et a provoqué un émoi considérable à l'époque. Il s'agissait de *L'Énigme sacrée,* de Michael Baigent, Henry Lincoln et Richard Leigh. Leur livre déclencha une avalanche de suites, chacune destinée à développer l'idée d'origine. Le vieux schéma du matériel lié à la quête du Graal, s'épanouissant à partir d'une unique graine et donnant naissance à des ramifications nombreuses et encore plus complexes, est une nouvelle fois visible dans le phénomène, bien que d'une façon très différente.

LE SANG SACRÉ

Du jour au lendemain, Baigent, Lincoln et Leigh sont devenus célèbres, et pendant les mois suivant la parution du livre, le sujet du Graal fut sur toutes les lèvres. L'ouvrage entreprenait d'enquêter sur un vieux mystère – celui des lignées sacrées de la royauté en Europe – et de le relier au Graal sur la base de l'erreur de copiste évoquée dans un chapitre précédent, qui avait changé San Greal (Saint Graal) en Sang Real (Sang Royal). À partir de là, et en recourant à un réseau d'indices qui reliaient les cathares, les Templiers et une ancienne dynastie française, les auteurs entendaient prouver que le Graal faisait référence à la lignée du Christ, qui, comme dans le roman de Dan Brown, échappe à la mort sur la Croix, épouse Marie-Madeleine et fonde l'infortunée lignée mérovingienne. Cette théorie avait en grande partie été présentée sous la forme d'une fiction dans le roman de Liz Green, *The Dreamer of the Vine*.

Le chercheur allemand Walter Johannes Stein pensait que le Graal était caché quelque part dans les Pyrénées, en France.

Cette théorie a été largement explorée dans une œuvre antérieure par l'Allemand Walter Johannes Stein, expert du Graal, mais Baigent, Lincoln et Leigh sont allés plus loin et ont modernisé l'histoire en y incluant une secte mystérieuse ayant pour nom le Prieuré de Sion. Ce groupe, dont aucune preuve documentaire n'existe avant les années 1930, affirme descendre à la fois des rois mérovingiens et des chevaliers templiers, et prétend compter parmi ses membres Léonard de Vinci, Botticelli, Isaac Newton et Victor Hugo. Selon Baigent, Lincoln et Leigh, les membres du Prieuré de Sion sont également les héritiers du Sang sacré – celui du Christ, qu'ils dépeignent comme un roi et un chef charismatique plutôt que comme le Messie ou le Fils de Dieu.

Dans ce scénario, le Graal est vu comme une lignée plutôt que comme un objet concret, et les participants archétypaux à la quête sont remplacés par des personnalités réelles qui ont joué un rôle majeur dans l'histoire du monde. Nous nous retrouvons avec un puzzle politique traversé par une chasse au trésor. L'abbé Bérenger Saunière (qui inspira le nom donné au conservateur assassiné au début du roman de Brown) semble avoir découvert des documents ou un véritable trésor lors de la rénovation de son église à Rennes-le-Château, en 1891. Il est devenu le sujet d'un grand nombre de livres et d'études tendant à relier ses découvertes à l'histoire secrète des lignées royales européennes.

Il n'existe toutefois que peu ou pas de preuves réelles pour étayer les affirmations de cet ouvrage. Un trop grand nombre de personnes ayant donné des renseignements qui vont dans le sens de la théorie des auteurs ont mystérieusement disparu ou sont impossibles à contacter. Une large partie du livre paraît n'être guère plus qu'une manipulation habile des faits historiques, avec l'ajout de spéculations impossibles à prouver. Ces éléments portent atteinte à une compréhension sérieuse de la tradition du Graal et la banalisent en un trésor physique sans propriétaire, au lieu d'aider à pénétrer son mystère. Les récentes explorations développées par Laurence Gardner, dans ses livres *Le Graal et la lignée royale du Christ* et *Genesis of the Grail Kings,* sont allées encore plus loin dans cette veine, établissant une chaîne d'indices d'une famille de gardiens du Graal qui remonterait avant la période des romans du Graal et arriverait jusqu'à l'époque actuelle. Quoi qu'il en soit, les preuves s'appuient uniquement sur des documents généalogiques qui restent encore à être montrés.

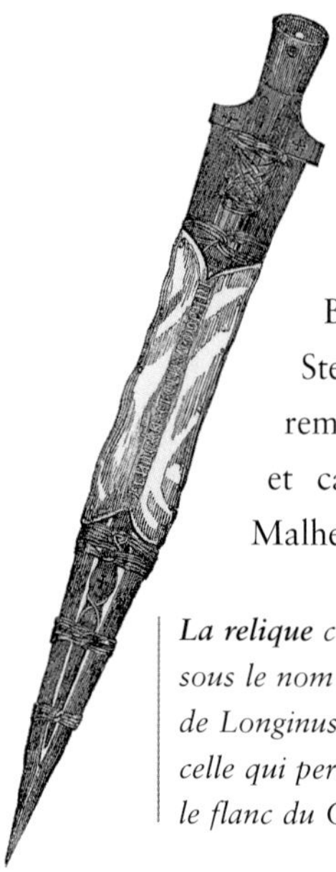

La relique connue sous le nom de lance de Longinus serait celle qui perça le flanc du Christ.

LA LANCE DU DESTIN

Baigent, Lincoln et Leigh vont jusqu'à omettre de mentionner le nom de Walter Stein, dont le livre *World History in the Light of the Graal* faisait également remonter les principaux personnages du cycle du Graal aux dynasties mérovingienne et carolingienne, alors même que ses recherches étaient parallèles aux leurs. Malheureusement, la complicité de Stein avec les nazis a jeté une ombre sur son œuvre, même s'il a quitté l'Allemagne après le début de la Seconde Guerre mondiale et a travaillé pour Winston Churchill en qualité de « conseiller occulte ». Les théories de Stein, qui étudient également la localisation de la prétendue lance de Longinus, furent développées par Trevor Ravenscroft dans son ouvrage *The Spear of Destiny*. Il y est suggéré que le pouvoir du Graal peut être recherché avec autant de détermination par ceux qui désirent en faire un usage perverti. Hitler, qui croyait sans réserve à la valeur d'une attaque occulte en renforcement de la guerre physique, envoya des équipes de chercheurs en quête des objets accompagnant le Graal, et de la lance plus particulièrement. Les ruines de la citadelle cathare de Montségur, qui avait été le théâtre des épisodes les plus sombres de la croisade des albigeois, furent fouillées dans l'espoir de découvrir l'un ou l'autre. La lance, dont des fragments avaient été repérés jusqu'à Rome et dans l'Empire austro-hongrois, finit un temps entre les mains nazies, et l'ignoble dirigeant de la Schutzstaffel (la SS) Heinrich Himmler forma un noyau d'élite d'officiers autour d'elle, dans un château baptisé non sans à-propos le Camelot noir.

LE GRAAL DE MARIE-MADELEINE

L'association de Marie-Madeleine avec le Graal dans ces ouvrages ou d'autres a débouché sur quelques spéculations intéressantes, principalement sur le fait que ce personnage insaisissable aurait eu une importance beaucoup plus grande au Moyen Âge en tant que représentante de la femme vue comme une « prostituée pénitente ». Cette idée doit beaucoup à la gnose. Marie-Madeleine est mentionnée dans *L'Évangile gnostique* de Philippe comme étant la compagne constante de Jésus, qu'elle aimait plus que tous les autres disciples et qu'elle embrassait fréquemment sur la bouche. Dans un autre texte gnostique, nous la voyons communiquer toujours directement avec le Messie quelque temps après la Crucifixion, ce qui agace l'apôtre Pierre et apparaît comme l'origine de la peur et de la haine exprimées par les Pères de l'Église à l'encontre des femmes. Les paroles de Marie rapportées dans le texte gnostique *Pistis Sophia* le suggèrent clairement : « Pierre me fait hésiter, dit-elle. J'ai peur de lui, car il déteste la race des femmes[31]. »

Cette peinture médiévale pour le moins inhabituelle *de Michael Wolgemuth représente les trois Marie : Marie, la mère de Jésus, Marie-Salomé et Marie-Madeleine.*

Il n'est donc peut-être pas étonnant qu'un lien entre des groupes comme les cathares et les Templiers, qui auraient tous deux vénéré Marie-Madeleine et les histoires du Graal, soit devenu une part essentielle des spéculations sur le vaisseau sacré. Il n'existe pas de relation spécifique entre les deux thèmes qu'on puisse faire remonter à une source fiable, mais on peut noter le développement des idées hérétiques en même temps que la codification de l'histoire du Graal.

Néanmoins, il n'est pas nécessaire d'importer le personnage de Marie-Madeleine pour fournir un aspect féminin aux histoires du Graal. Ce caractère est déjà présent sous l'apparence de Sophia, la Shekhinah, la Vierge Marie et Dindrane, la sœur de Perceval.

RELIQUES MODERNES

***Le puits de Chalice Gardens**, à Glastonbury, dans le Somerset, serait le lieu où aurait été caché le Graal.*

À la suite de la parution d'ouvrages aussi sensationnalistes que *L'Énigme sacrée* et *Le Da Vinci Code*, on a vu un accroissement des nouvelles théories, chacune déclarant que le Graal avait enfin été découvert. Derrière ces controverses se dissimule un besoin désespéré de comprendre le véritable mystère du Graal. Il en a résulté une multiplicité de chasses à la relique, qui découle du désir de trouver un Graal matériel. À travers le Moyen Âge, on a cru que nombre d'objets étaient le vrai Graal du Christ. Plus récemment, et on ne s'en étonnera pas, des chasseurs de Graal ont également voulu découvrir des objets qu'ils croyaient être l'original.

Au début du XXe siècle, deux objets reçurent une attention publique et continuent d'exercer une grande fascination aujourd'hui encore. Le premier est un petit bol bleu, découvert sous une source dans la ville de Glastonbury, dans le Somerset. Des recherches historiques ont indiqué que le bol avait peut-être pour origine la Terre sainte et que sa date de fabrication était proche de celle de l'époque du Christ. D'autres enquêteurs ont suggéré qu'il s'agissait d'un verre médiéval d'un modèle fabriqué dans la ville de Venise. Quoi qu'il en soit, la force de la croyance dans les pouvoirs de ce bol bleu est telle que des pèlerins viennent toujours pour bénéficier de sa présence ; beaucoup d'entre eux prétendent qu'il possède une aura de sainteté. Peu auparavant, une petite coupe en bois conservée durant des années dans une maison de Nanteos, dans le pays de Galles, avait eu également ses adeptes. Comme le Graal des histoires médiévales, cette relique avait ses gardiens, la famille Powell. Pendant les années 1930 la coupe fut exposée à la maison Nanteos, et la croyance en ses pouvoirs curatifs était assez répandue. Les gens venaient de très loin pour rechercher la guérison. Certains de ceux qui burent dans cette coupe en arrachèrent de petits fragments avec leurs dents afin de conserver une parcelle du vaisseau sacré. Ce qui eut pour résultat son retrait et son confinement dans un coffre de banque, afin d'assurer sa sécurité. Il a été daté au carbone 14, et tout semble prouver qu'il remonte au Ier siècle de notre ère. Mais il est certain que cette simple coupe en bois est plus susceptible d'avoir été utilisée dans la cérémonie de la première Eucharistie. Que ce soit ou non la coupe réellement utilisée par Jésus et ses disciples reste du domaine de l'appréciation individuelle.

La coupe de Nanteos est l'un des nombreux vaisseaux considérés comme étant le Graal. Des pèlerins avides de ses propriétés curatives en arrachèrent des fragments à coups de dents, ne laissant qu'une partie de la coupe d'origine.

Ces objets et d'autres qui leur sont comparables demeurent un sujet de curiosité. Derrière cette recherche presque obsessionnelle de telles reliques on trouve un désir très humain d'entrer en contact avec l'infini. Tout comme les chevaliers médiévaux des épopées arthuriennes partaient en quête du Graal pour rencontrer Dieu directement, certains de ceux qui recherchent le Graal aujourd'hui, quelle que soit leur perception du divin, désirent découvrir les secrets du Graal pour des raisons très proches. Dans chaque cas, et à chaque nouvelle théorie, le Graal a paru échapper un peu plus à notre compréhension. Maints débats sur l'opportunité d'une telle recherche peuvent être lancés, dans un sens comme dans l'autre. Pour ma part, je crois que ces recherches sont stériles et que n'importe quel objet découvert, aussi puissant soit-il, ne permettra que d'effleurer la surface du véritable mystère. La quête doit rester personnelle, qu'elle prenne la forme d'une exploration des idées représentées par le Graal ou de la visite de lieux sacrés.

LE VÉRITABLE GRAAL

Une des raisons d'être du présent ouvrage est de démontrer qu'il n'est pas nécessaire de croire à ces théories, aussi fascinantes soient-elles, pour voir dans le cœur du Graal. Bien sûr, l'Église a ses secrets. Comment une organisation aussi ancienne et aussi complexe pourrait-elle ne pas en posséder ? Mais au bout du compte, quelle différence cela fait-il vraiment si Jésus et Marie-Madeleine ont eu des enfants ? Ce point avait peut-être de l'importance pour la dynastie médiévale qui se réclamait de cette lignée, mais aujourd'hui ? Mieux vaut reléguer de tels sujets dans la catégorie des spéculations. Ils ne contribuent certes pas à mieux comprendre les secrets du Graal.

Ce que sont ces secrets, voilà qui en fin de compte est l'affaire de chaque individu lancé dans sa propre quête personnelle. Pour moi, le Graal reste une idée qui représente un aspect vital de la vie humaine, l'aptitude à communier avec une source spirituelle, quel que soit le sens que nous donnons à ce terme. En tant que tel, le Graal est bien plus puissant que n'importe quelle représentation physique qu'on peut découvrir n'importe où et à n'importe quel moment, sur l'autel d'une église, dans une grotte à flanc de montagne au Moyen-Orient ou dans quelque monde utopique et lointain.

Ce portrait de Marie-Madeleine *tiré du* Livre d'heures des Sforza *la montre sous l'apparence d'une sainte emportée au ciel par des anges.*

Les mythes nous disent qui nous sommes et qui nous avons été. Ils sont la mémoire des choses et des événements qui furent un jour importants pour nous, quand notre espèce sortait du limon originel. Le Graal est l'un de ces mythes. Il nous remémore un état d'innocence perdu, un univers paradisiaque auquel nous avons renoncé pour la connaissance. Mais c'est également un chemin pour revenir à notre ancienne demeure, un passage qui s'ouvre devant nous. Cette opportunité du retour rend le Graal tellement important qu'il continue d'éveiller des échos jusqu'à aujourd'hui, lorsque nous cherchons à atteindre les mêmes buts que nos ancêtres et que nous nous tournons vers l'idée du Graal pour comprendre notre propre voyage.

Le Graal a été un compagnon toujours présent à travers les époques, il a offert un moyen de tendre vers l'infini dès le jour où nos premiers ancêtres ont commencé à façonner des vaisseaux en terre, élégants et imprégnés d'un pouvoir magique. À travers l'Antiquité, les cratères, les chaudrons et les coupes qui maintenaient vivant le mystère au cœur du Graal ont continué à être reconnus comme des portails ouvrant sur l'infini. Le message qu'ils portaient n'avait rien de neuf et n'a jamais varié au cours du temps. Seuls les moyens d'atteindre au mystère ont changé. Les aspects du Graal apparaissent et disparaissent, reflets des besoins de chaque époque. À la nôtre, il représente à la fois le besoin de réviser notre place dans l'univers et notre relation avec le divin. En tant que tel, il continuera sans aucun doute à nous offrir un chemin vers l'accomplissement personnel, un moyen de voyager en dehors de la sphère des limitations que nous nous imposons à nous-mêmes.

Le sujet du Graal est intensément personnel. Que nous choisissions de l'envisager comme une idée, une pulsion ou un objet matériel est, en fin de compte, hors de propos. Ce qui importe est que nous continuions à chercher la merveille qu'il représente.

À la fin du récit de *Perlesvaus*, alors que la quête arthurienne du Graal est depuis longtemps achevée, le château qui jadis abritait le vaisseau sacré se dresse toujours, vide mais toujours hanté par la présence fantomatique des événements qui s'y sont déroulés. Le livre est situé dans un passé mythique, comme toutes les histoires arthuriennes, mais c'est dans les temps historiques que trois jeunes chevaliers entreprennent d'aller visiter ce lieu, afin de découvrir par eux-mêmes la vérité sur les rumeurs qui l'entourent. L'auteur anonyme de cette œuvre nous raconte ce qui se passa alors :

> *Pleins d'excitation, ils pénétrèrent dans le château. Ils y demeurèrent longtemps, et lorsqu'ils en ressortirent ils vécurent en ermites, errant par les chemins de la forêt, ne se nourrissant que de racines. Lorsque les gens demandaient pourquoi ils vivaient ainsi, ils répondaient simplement : « Allez là où nous sommes allés, et vous verrez pourquoi.*[8] »

La même chose est vraie pour tous ceux qui continuent à chercher le Graal, sous quelque forme ou par quelque moyen que ce soit. Nous sommes tous engagés dans la quête, et nous découvrirons tous quelque chose de ce qu'elle a à offrir. Telle est la vérité du Graal.

SOURCES

1. Adolf, H. *Visio Pacis : Holy City and Grail*. Philadelphie, Pennsylvanie State University Press, 1960
2. Allen, P. M. (ed.). *A Christian Rosenkreutz Anthology*. New York, Rudolf Steiner Publications, 1981
3. Annet, S.F. *Grail Lectures*. New Jersey, CI, Servants of the Light, 1986
4. Barron, W.R.J. (ed.). *The Voyage of St Brendan*. Exeter, University of Exeter Press, 2002
5. Bernard de Clairvaux. *Œuvres complètes. Éloge de la nouvelle chevalerie*. Paris, Cerf, 1990
6. Bothwell-Gosse, A. *The Rose Immortal*. Londres, Watkins, 1958
7. Brock, K.S. *La Harpe de l'esprit*. Abbaye de Belle-Fontaine, 1991
8. Bryant, N. *The High Book of the Grail*. Cambridge, D.S. Brewer, 1978
9. Bryant, N. *Merlin and the Grail : Joseph of Arimathea, Merlin, Perceval : A Trilogy of Arthurian Romances Attributed to Robert de Borron*. Cambridge, D.S. Brewer, 2001
10. Campbell, J. *Les héros sont éternels*. Paris, Seghers, 1987
11. Campbell, J. *Myths to Live By*. Londres, Souvenir Press, 1973
12. Capellanus, Andreas (trad. J.J. Parry). *The Art of Courtly Love*. New York, W.W. Norton, 1941
13. Cavendish, R. *King Arthur and the Grail*. Londres, Weidenfeld & Nicolson, 1978
14. Chrétien de Troyes. *Romans de la Table ronde*. Paris, Gallimard, coll. Folio classique, 1975
15. Cox, Simon. *Le Code Da Vinci décrypté*. Paris, Le Pré aux Clercs, 2004
16. Cross, T.P. et C.H. Slover. *Ancient Irish Tales*. Dublin, Figgis, 1936
17. Day, M.L. (ed. et trad.). *The Story of Meriadoc, King of Cumbria*. New York, Garland, 1988
18. Delaforge, G. *The Templar Tradition in the Age of Aquarius*. Vermont, Threshold Books, 1987
19. Denning, M. et O. Phillips. *Philosophie et pratique de la haute magie*. Paris, Sand, 2001
20. De Rougemont, D. *Passion and Society*. Londres, Faber & Faber, 1955
21. Evans, S. *In Quest of the Holy Grail*. Londres, J.M. Dent, 1898
22. Guest, Lady C. *The Mabinogion*. Cardiff, John Jones, 1977

23. Hall, M.P. *Orders of the Quest : The Holy Grail*. Los Angeles, Philosophical Research Society, 1976
24. Heinrich von Dem Tulin (trad. D.W. Thomas). *The Crown (Diu Crone)*. Nebraska, University of Nebraska Press, 1989
25. Jacques de Voragine. *La Légende dorée*, vol. 1 et 2. Paris, Flammarion, 1999
26. James, M.R. ed. *The Apocryphal New Testament*. Oxford, Oxford University Press, 1924
27. Jung, E et M.L. von Franz. *La Légende du Graal*. Paris, Albin Michel, 1988
28. Jung, C.G. *Ma vie : souvenirs, rêves et pensées*. Paris, Gallimard, coll. Folio, 1991
29. Kirby, W.F. (trad.). *Kalevala : The Land of Heroes*. Londres et New York, Dutton, 1907
30. Lacy, N.J. (ed.). *The Old French Arthurian Vulgate and Post Vulgate in Translation* (5 vol.). New York, Garland Publishing, 1993-1999
31. Lecarrier, J. *The Gnostics*. Londres, Peter Owen, 1973
32. Loomis, R.S. *Wales and the Arthurian Legend*. Cardiff, University of Wales Press, 1956
33. Macalister, R.S. *Lebor Gabala Erenn*. Dublin, Institute for Advanced Studies, 1941
34. Magre, M. *The Return of the Magi*. Londres, Sphere Books, 1957
35. Malory, Sir Thomas, *Le Roman du roi Arthur : Le morte d'Arthur*. Nantes, Atalante, 2002
36. Matarasso, P. *The Quest of the Grail*. Genève, Droz, 1979
37. Matthews, C. *Mabon and the Heroes of Celtic Britain*. Rochester Vt., Inner Traditions, 2002
38. Matthews, C. *Sophia : Goddess of Wisdom, Bride of God*. Wheaton, Il., Quest Books, 2003
39. Matthews, J. *At the Table of the Grail*. Londres, Watkins Books, 2000
40. Matthews, J. et M. Green. *The Grail Seeker's Companion* (éd. corrigée). Thoth Books, 2003
41. Miller, W.M. *Un cantique pour Leibowitz*, Paris, Denoël, 1994
42. Moorcock, M. *Le Chien de guerre et la douleur du monde*. Nantes, Atalante, 1993
43. Panikkar, R. *Initiation aux Veda*. Arles, Actes Sud, 2003
44. Platon. *Œuvres complètes*. Paris, Les Belles Lettres, 1989
45. Plutarque. *Œuvres morales*. Paris, Les Belles Lettres, 1981
46. Robinson, J.M. (ed.). *Nag Hammadi Library*. Leiden, E.J. Brill, 1977

47. Rolt-Wheeler, F. *Mystic Gleams from the Holy Grail*. Londres, Rider Books, 1945
48. Schlauch, M. *Medieval Narrative*. New York, Gordian Press, 1969
49. Skeate, W.W. *Joseph of Arimathea*. Londres, Early English Texts Society, 1871
50. Slessarev, V. *Prester John : The Letter*. Minneapolis, University of Minnesota Press, 1959
51. Steiner, R. *La Science de l'occulte*. Genève, Éd. anthroposophiques romandes, 2004
52. von Scharfenburg, A. (ed. W. Wolf). *Der Jungere Titurel*. Berlin, éditeur inconnu 1955 et 1968
53. Waite, A.E. *The Hidden Church of the Holy Grail*. Londres, Redman, 1909
54. Williams, C. *The Descent of the Dove*. Londres, Faber & Faber, 1939
55. Williams, C. *Taliesin Through Logres and The Region of the Summer Stars*. Cambridge, D.S. Brewer, 1982
56. Wolfram von Eschenbach. *Parzifal*. Genève, Éd. anthroposophiques romandes, 2004

BIBLIOGRAPHIE

Anderson, P. *A Midsummer Tempest*. New York, Del Rey, 1978

Baigent, M., Leigh, R. et Lincoln, H. *L'Énigme sacrée*. Paris, Pygmalion, 1983

Bartrum, P.C. "The Thirteen Treasures of the Island of Britain", *Études celtiques*, Vol. 10, pp. 435-77, 1963

Bernard de Clairvaux. *Sur le cantique des cantiques*. Paris, Zodiaque, coll. Points Cardinaux, 1978

Brown, D. *Le Da Vinci Code*. Paris, Lattès, 2004

Bryant, N. *The Legend of the Grail* Cambridge, D.S. Brewer, 2004

Campbell, J. *Masks of Gods*. Londres, Souvenir Press 1968-9

Campbell, J. *The Inner Reaches of Outer Space*. New York, Alfred van der Marck Editions, 1985

Campbell, J. *La Puissance du mythe*. Paris, J'ai Lu, 1997

Campbell, D.E. (trad.). *The Tale of Balain*. Evanston, Northwestern University Press, 1972

Cooper-Oakley, I. *Masonry and Medieval Mysticism*. Londres, Theosophical Publishing House, 1977

Currer-Briggs, N. *The Shroud and the Grail*. Londres, Weidenfeld & Nicolson, 1987

De Sede, G. *Les Templiers*. Paris, J'ai Lu, 1969

De Sede, G. *La Rose-Croix*. Paris, J'ai Lu, 1978

Firdausi. *The Shah Nameh*. (ed. A.G. Warner et E. Warner). Londres, Routledge, 2000

Fisher, Catherine. *Corbenic*. Londres, Red Fox, 2002

Gadal, A. *Sur le chemin du Saint-Graal*. Osenbach, Rose Croix d'Or, 1984

Gantz, J. (trad.). *The Mabinogion*. Harmondsworth, Penguin Books, 1985

Gardner, E. *Arthurian Legends in Italian Literature*. New York, Octagon Books, 1971

Gardner, L. *Le Graal et la lignée royale du Christ*. Paris, Dervy, 2005

Gardner, L. *Genesis of the Grail Kings*. Londres et New York, Bantam, 2000

Geoffroi de Monmouth. *La Vie de Merlin*. Castelnau-le-Lez, Climats, 2001

Geoffroi de Monmouth. *Histoire des rois de Bretagne*, Paris, Les Belles Lettres, 1992

Gerald of Wales. *The Journey Through Wales*. Harmondsworth, Penguin Books, 1978

The Golden Blade, Issue n° 33. Rudolf Steiner Press, 1981

Gray, W.G. *The San Grail Sacrament*. Maine, Weiser, 1986

Green, Liz. *The Dreamer on the Vine*. Bodley Head, 1980.

Griffin, J.B. *The Holy Grail : The Legend, the History, the Evidence*. Jefferson, Caroline du Nord, Mcfarland & Co., 2001

Grossinger, R. (ed.). *The Alchemical Tradition*. Californie, North Atlantic Books, 1983

Gryffydd, W.J. *Math Vab Mathonwy*. Cardiff, University of Wales Press, 1928

Gryffydd, W.J. *Rhiannon*. Cardiff University of Wales Press, 1953

Kahane, H. et R. *The Krater and the Grail : Hermetic Sources of the Parzival*. Urbana, University of Illinois Press, 1954

Knappert, J. *The Encyclopaedia of Middle Eastern Mythology and Religion*. Shaftsbury, Dorset, Element Books, 1993

Knight, G. *The Secret Tradition in Arthurian Legend*. Boston, Weiser Books, 1996

Lacy, N.J. et G. Ashe. *The Arthurian Handbook*. New York, Garland Publishing, 1986

Lambert, M.D. *Medieval Heresy*. Arnold, 1977

Levy, G.R. *The Sword from the Rock*. Londres, Faber & Faber, 1953

Lewis, C.B. *Classical Mythology and Arthurian Romance*. Oxford, Oxford University Press, 1932

Lievegoed, B.C.J. *Mystery Streams in Europe and the New Mysteries*. New York, Anthroposophic Press, 1982

Lindsay, J. *The Troubadours and their World*. Londres, Frederick Muller, 1982

Littleton, C.S. et L.A. Melcor. *From Scythia to Camelot*. Londres and New York, Garland Publishing, 2000

Loomis, R.S. *Celtic Myth and Arthurian Romance*. New York, Columbia University Press, 1927

Loomis, R.S. *The Development of Arthurian Romance*. New York, Norton, 1963

Macgregor, R. *Indiana Jones et la dernière croisade*. Paris, Pocket, 1992

Marie de France. *Lais*. Paris, Gallimard, Coll. Folio classique, 2000

Markale, J. *Coffret Le Cycle du Graal*. Paris, J'ai Lu, 2000

Matthews, C. *Elements of Celtic Tradition*. Shaftesbury, Dorset, Element Books, 1989

Matthews, C. *King Arthur and the Goddess of the Land*. Rochester Vt., Inner Traditions, 2002

Matthews, C. et J. *Le Tarot arthurien*. Paris, Vega, 2004

Matthews, C. et J. *Ladies of the Lake*. Londres, HarperCollins, 1992

Matthews, C. et J. *Walkers Between the Worlds*. Rochester, Vt., Inner Traditions, 2003

Matthews, J. *Le Graal : quête d'éternité*. Paris, Vega, 1991

Matthews, J. *An Arthurian Reader*. Londres, HarperCollins, 1988

Matthews, J. *Healing the Wounded King*. Shaftesbury, Dorset, Element Books, 1997

Matthews, J. *Sources of the Grail*. Édimbourg, Floris Books, 1997

Matthews, J. *Gawain, Knight of the Goddess*. Inner Traditions, 2001

Matthews, J. *Taliesin : the Last Celtic Shaman*. Rochester, Vt., Inner Traditions, 2001

Matthews, J. et R.J. Stewart. *Warriors of Arthur*. Poole, Dorset, Blandford Press, 1987

Morgan, G. (ed.). *Nanteos*. Llandysul, Ceredigan, Gomer, 2001

Newstead, H. *Bran the Blessed in Arthurian Romance*. New York, Columbia University Press, 1939

Oldenbourg, Z. *Le Bûcher de Montségur*. Paris, Gallimard, Coll. Folio histoire, 1989

Quispel, G. *Tatian and the Gospel of Thomas*. Leiden, E.J. Brill, 1975

Ralls, Karen. *The Templars and the Grail*. Wheaton, Ill., Quest Books, 2003

Ravenscroft, T. *The Cup of Destiny*. Londres, Rider, 1981

Ravenscroft, T. *Spear of Destiny*. Londres, Neville Spearman 1972

Runciman, S. *Le Manichéisme médiéval*. Paris, Payot, 1979

Skeeles, D. *The Romance of Perceval in Prose*. Seattle, University of Washington Press, 1966

Stein, W.J. *The Ninth Century and the Holy Grail Temple*. Londres, Lodge Press, 1989

Steiner, R. *Le Christ et le monde spirituel : la quête du Saint-Graal*. Paris, Triades, 1993

Stewart, R.J. *The Prophetic Vision of Merlin*. Arkana, 1986

Stewart, R.J. *The Mystic Life of Merlin*. Arkana, 1986

Waite, A.E. *The Holy Grail : Its Legends and Symbolism*. Rider, 1933

Wallace-Murphy, T. et M. Hopkins. *Rosslyn, gardien des secrets du Graal*. Paris, Guy Trédaniel, 1999

Weston, J.L. *From Ritual to Romance*. New York, Doubleday, 1957

Williams, C. *War in Heaven*. Londres, Faber & Faber, 1952

Williams, C. et C.S. Lewis. *Arthurian Torso*. Oxford, Oxford University Press, 1948

Wilson, P.L. *Ploughing the Clouds : The Search for Irish Soma*. San Francisco, City Lights, 1999

Zelazny, R. *Last Defender of Camelot*. Londres, Sphere Books, 1986

INDEX

CRÉDITS PHOTOS

AKG, Londres 24, 25, 39, 55, 63, 84, 89, 93, 102, 108, 124, 133, 160/Erich Lessing 135/Jean-Louis Nou 116/Pirozzi 62/Visoars 128. **Alamy**/The Photolibrary Wales 41. **Alan Lee** 29. **Ancien Art and Architecture Collection** 1, 23, 47, 126, 129. **British Film Institute Stills, Posters & Designs** 147. **Bibliothèque royale de Belgique** 99. **Banque d'images** 15, 50, 56, 100. **Bridgeman Art Library, Londres** (**www.bridgeman.co.uk**) 7, 77, 91/ Archives Larousse, Paris 144/Ashmolean Museum, University of Oxford 17/Bibliothèque municipale, Cambrai, France 95/Bibliothèque nationale, Paris 2, 10, 54, 85, 137/British Library, Londres 75, 110, 122/Centre historique des Archives nationales, Paris 115/ Christie's, Londres 157/Sally Elliot 18/Louvre, Paris 109, 142, 154/Paul Maeyaert 53/Musée des Antiquités nationales, France 21, 31/Museo Santa Cruz, Tolède, Espagne 119/Collection privée, Boltin Picture Library 27/Collection privée, Roger-Viollet, Paris 145/San Francesco, Arezzo, Italie 49/Collection sir Geoffrey Keynes, Cambridgeshire 9/Torre Abbey, Devon 36/Walker Art Gallery, Liverpool 66. **British Library** 65. **Christie's Images, Londres** 22. **Collections** 45 **Corbis UK Ltd**/Bettman 146/Burnstein Collection 103/Greenhalf Photography 158/Tim Hawkins 59/E.O. Hoppe 141/Earl &&Nazima Kowall 98/Chris Lisle 112/Francis G. Mayer 13/Homer Sykes 151/Adam Woolfitt 35. **Fortean Picture Library** 156. **Garden World Images** 19. **John Matthews** 121. **Mary Evans Picture Library** 78. **Miranda Gray** 42. **The Picture Desk Limited**/Art Archive 71, 97, 107 ; Kobal Collection 148. **Royal Commission on the Ancient and Historical Monuments of Wales**/Crown 159. **Science Photo Library** 82. **Tate Gallery Publications, Londres** 68. **Temple Lodge Publishing** 155. **TopFoto** 138.

Direction éditoriale Brenda Rosen
Direction littéraire Clare Churly
Direction artistique Sally Bond
Choix des illustrations Patricia Bridger
Conception artistique Annika Skoog, Paul Reid et Pia Ingham pour Cobalt Id
Contrôle de la production Simone Nauerth

Pour en savoir plus sur John Matthews,
consultez son site web : Hallowquest.org.uk/